삼국지
고구려와

삼국지와 고구려

발행일   2024년 7월 12일

지은이   우재훈
펴낸이   손형국
펴낸곳   (주)북랩
편집인   선일영   편집   김은수, 배진용, 김현아, 김부경, 김다빈
디자인   이현수, 김민하, 임진형, 안유경   제작   박기성, 구성우, 이창영, 배상진
마케팅   김회란, 박진관
출판등록   2004. 12. 1(제2012-000051호)
주소   서울특별시 금천구 가산디지털 1로 168, 우림라이온스밸리 B동 B113~115호, C동 B101호
홈페이지   www.book.co.kr
전화번호   (02)2026-5777   팩스   (02)3159-9637

ISBN   979-11-7224-201-5 03900 (종이책)   979-11-7224-202-2 05900 (전자책)

(주)북랩 성공출판의 파트너

북랩 홈페이지와 패밀리 사이트에서 다양한 출판 솔루션을 만나 보세요!

홈페이지 book.co.kr   •   **블로그** blog.naver.com/essaybook   •   **출판문의** book@book.co.kr

작가 연락처 문의 ▸ ask.book.co.kr

작가 연락처는 개인정보이므로 북랩에서 알려드릴 수 없습니다.

삼국지의 영웅들과 고구려의 역사적 선택

삼국지와 고구려

우재훈 지음

조조와 손권의 전략에 맞서 고구려를 지키는
고국천왕부터 동천왕까지의 치열한 생존 드라마!

북랩

차
례

1

삼국지의
시대

역대 중국의 공식적인 역사서는 사마천(司馬遷)의 《사기(史記)》를 시작으로 근대의 《청사고(淸史稿)》에 이르기까지 보통 25사(史)라고 부른다. 중국 역사의 기원부터 춘추전국시대를 거쳐 초한의 쟁투까지 다루는, 사실상 최고의 역사서인 《사기》는 그러한 특수성이 있으니 차치하더라도 그 사이의 많은 역사서들이 《한서(漢書)》나 《명사(明史)》처럼 대개 한 국가의 역사를 정리한 것이라고 했을 때, 단 세 시대만이 하나의 국가명이 아닌 복수의 명칭을 사용하고 있다. 바로 《삼국지(三國志)》, 《남사(南史)》와 《북사(北史)》 그리고 《오대사(五代史)》가 곧 그것이다.

순서를 바꿔서, 《오대사》는 이름 그대로 당나라 쇠망기의 5대 10국의 역사(9세기 말~10세기)를 담고 있고, 《남사》와 《북사》는 5호 16국의 혼란을 거쳐 남북조시대(4세기 말~6세기 말)를 다룬 것이라면, 《삼국지》는 위나라를 세우게 되는 조조의 등장부터 그 후신인 진나라가 삼국을 최종 통일하는 바로 그 순간까지의 역사서이다.

흔히 소설로 많이 접하게 되는 이《삼국지》의 시대를 실제적인 기간으로 따져 본다면 황건적의 난이 발생하였던 184년부터 삼국 중 마지막으로 오나라가 멸망하는 280년까지 대략 100년에 가까운 시간이 그 대상이 된다. 역설적이면서도 참으로 안타까운 일이지만,《사기》나《삼국지》가 보여 주듯이 인류가 야망을 위해서든 생존을 위해서든 각자 총력을 다해 치열한 투쟁을 벌이는 과정 속에서 다양한 인간 군상의 흥미진진한 이야기도 생겨나고, 한편으로는 사상적으로나 기술적으로 큰 발전을 이루어 내는 것 또한 사실이니 이는 결국 인류 역사의 아이러니가 아닐까 싶기도 하다.

《삼국지》는 100년도 채 안 되는 기간 동안 수많은 영웅들이 등장하고, 온갖 속임수와 잔혹함이 난무하는 극한의 경쟁 속에서 어느 누군가는 나름대로 인생의 의미를 찾고 또 누군가는 사회의 혼란에 대한 해답을 모색해 나가는 모습을 보여 주는 흥미로운 역사를 다루고 있다. 주로 소설의 영향이 크긴 하지만 어찌되었든 "도원결의(桃園結義)"나 "삼고초려(三顧草廬)" 같은 표현은 지금도 너무나 흔하게 쓰이고 있고, "출사표(出師表)"나 "읍참마속(泣斬馬謖)" 같은 말들은 언제든 주변에서 쉽게 접하게 되는 것들이다. 뿐만 아니라 무려 거의 2천 년 전의 낡디 낡은 인물들임에도 불구하고 유비, 관우, 장비나 제갈공명 같은 이름은 오히려 모르는 게 이상한 일로 치부되지 않을까 싶다.

사회 질서가 무너지고 각자도생의 시대가 도래하여 모두에게 생존 자체가 문제가 되는 그 순간, 평상시라면 평범한 관리가 되는 게 다였을 이들이 역동적인 변화의 물결 속에서 난세의 야심가로 거듭나게 된다. 이렇게 많은 이들이 극도의 혼란의 와중에 성공의 기회를 포착하고 인생을 건 도박에 나서는, 바로 그 역동적 에너지가 응집되어 마침내 터져 나온 시점이 바로《삼국지》의 시대였다. 자신의 영웅 됨을 꿈꾸고 불나방처럼 인생의 로또에 달려든 그때 온갖 욕심과 야망들이 뒤섞여 그 누구도 한 치 앞을 내다보기 어려울 만큼 혼돈의 시대를 만들어 낸 곳이 바로《삼국지》의 공간이었다. 구름과도 같은 수증기들이 점차 뭉쳐져서 어느 순간 결정체가 되어 땅으로 내려 떨어지는 그때가 곧《삼국지》가 대장정을 마무리 짓게 되는 시점이다. 진정 인간적 매력이 넘치는 인물들이 각자의 방식대로 자신만의 무기로 대결하였던 장이 결국《삼국지》라는 하나의 커다란 무대로 남게 된 것이다.

여기서 잠시만 주위로 눈을 돌려 보자. 동시에 당대의 주변국들도 이 중원에서 벌어진 삼국쟁패의 영향권에 직간접적으로 들어갈 수밖에 없었다. 직접적으로는 소설 덕분에 유명해진 칠종칠금(七縱七擒)의 고사를 남긴 제갈량의 남만(南蠻) 정벌도 그렇고, 동탁이 변방에서 세력을 키울 수 있었던 근간이 된 중원 서쪽 실크로드 끝자락의 강(羌)족도 있었고, 또 조조의 북방계획의 일환이었던 오환(烏桓) 침공도 대표적인 사례이다. 여기에 더하여 당시 동방의 대표 주자로는 고구려와 부여 등을 들 수 있다.

《삼국지연의》를 열심히 읽은 이들도 이 사실은 잘 모르곤 하는데, 위나라와 심지어 오나라 그리고 추정이긴 하나 촉나라까지도 이 먼 만주 벌판과 한반도까지 연결 고리가 있었다는 것 말이다. 지금의 북한 영토에서 발견된 도자기는 239년 촉 황제 유선의 치세 당시에 제작된 것이다.[1] 정확히 고구려로 보내진 것인지 혹은 옥저에서 구입한 것인지 결론 내리긴 어렵지만, 결과적으로는 저 멀리 촉나라와 환동해 끝자락의 연결 고리가 이렇듯 물증으로 남아 있다는 사실은 놀랍기 그지없다. 약간 후대이긴 하지만 고구려에 있었던 책들 중에는 삼국지(三國志)가 있었다는 기록까지 전해진다. 고구려인들도 역사서인 삼국지를 읽었던 것이다.

물론 그뿐이 아니다. 후한 말기 극렬한 혼란 속에 궁핍을 견디지 못한 수많은 민중들이 고구려로 이주해와 풍성한 다민족 사회를 만들어 간 것도 흥미롭고, 그 와중에 삼국 통일의 최후의 승자 사마의가 이곳 만주까지 군사 원정을 와서 고구려와 연합군을 편성하였던 사실은 마치 외국 유명 셀럽이 방한한 것과 같은 반가운 마음마저 들 정도이다. 고구려는 당대의 초강대국 위나라와 오나라 사이에서 줄타기 외교를 통해 자국의 국제적 위상, 즉 몸값을 높이는 온갖 노력을 다했으며, 동 시간대에 부여 또한 가까운 위나라와 주변국 사이에서 생존을 위한 고뇌를 거듭한 흔적이 역사 기록 곳곳에서 묻어난다.

그 당시를 되짚어 보면 누군가에게는 기회였고 누군가에게는

---

1 강인욱, 『옥저와 읍루』, 동북아역사재단, 2020

위기였던 매 판단의 기로마다 그들이 하였던 깊은 고민에 연민을 느끼지 않을 수가 없다. 후세의 우리는 기출 문제지의 답안을 보며 과거 그들의 결정과 행동에 대한 뒤늦은 평가라도 할 수 있지만, 그들 입장에서는 그 당시 영원한 아군도 없고 그렇다고 무조건적인 적군도 없었던 혼란의 시대 속에서 어떻게든 각자 최선의 선택지를 찾아내고자 부단히 노력하는 것 외엔 달리 방법이 없었을 것이다. 과연 그 당시 그들의 해법이 얼마나 유효하였는지 하나하나 따져 보는 것은 우리의 몫이다. 그럼 이제 삼국지의 삼국과 삼국사기 속의 삼국 간의 그 다채롭고 역동적이었던 관계 속으로 들어갈 채비를 해 보자.

2

황건적의 난과
요동 그리고
고구려

(184년) 황건적이 난을 일으키자, 조조는 기도위(騎都尉)에 임명
되어 영천(穎川)의 황건적을 토벌했고, 이 일로 승진하여 제남국
(濟南國)의 상(相)이 되었다.

《삼국지》의 〈위서(魏書)〉 무제기(武帝紀)에서는 이해에 30세가
된 조조(曹操)의 본격적인 경력의 시작을 이렇게 서술하고 있다.
고구려와도 인연이 있는 교현(橋玄, 109~183)이라는 당대의 인사
가 젊은 시절의 그에게 하였다는 말이 지금까지 전해진다.
 "세상이 장차 혼란에 빠지게 되면 어떤 인재도 쉽게 그 난리를
잠재우기 어려울 텐데, 아마도 이 세상을 구해 내는 일은 자네에
게 달려 있지 않겠나 싶군."
 그의 예언은 단순히 황건적의 난을 지칭했다기보다는 그로 인
해 야기된 장기적인 국가 차원의 대혼란을 의미했던 것이겠지

만, 어쨌든 무려 100년간이나 지속된 그 혼란이 애초에 황건적의 난으로 촉발되었다는 것은 역사적 사실이다. 이때의 난의 이름을 우리는 대개 "황건적(黃巾賊)의 난(亂)"이라고 부른다. 풀어서 써 보자면 머리에 누런 수건을 쓴 도적 떼의 반란이라는 뜻이다. 이를 일본에서는 '코킨노란(黃巾の乱, こうきんのらん)', 중국에서는 '황진즈롼(黃巾之亂, Huángjīnzhīluàn)', 영어로는 'Yellow Turban Rebellion'이라고 한다. 보통은 종교적 색채 때문에 도가(道家)에 기반한 태평도(太平道)라는 이단 종교 단체의 반란으로 보기도 하지만, 단순히 광신교도들의 집단행동이라고 치부하기에는 여기에는 좀 더 복잡했던 사회적 배경에 대한 이해가 필요하다.

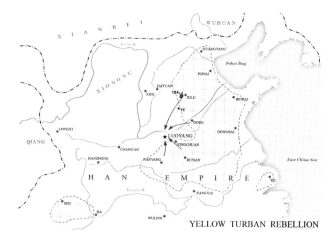

황건적의 난(출처: 위키피디아)

우선 이보다 앞서 166년과 169년 두 차례에 걸쳐 일명 당고의 화(黨錮之禍), 곧 파당 형성에 대한 처벌로 금고형을 남발한 반동적 정치 사건이 발생하였다. 이는 후기 한나라 곧 후한의 사회를 병들게 만든 환관과 외척 간의 권력투쟁이 장기화되자 이중 특히 환관 세력을 문제시하였던 자칭 청류파 지식인 계층의 정화 운동이 일어났고, 이를 환관들이 정치적으로 탄압하면서 발생한 사건이었다.

문제는 이렇게 민생과는 사실상 관련이 없는 정권 다툼으로 인해 중앙정부가 정치적 혼란에 빠져 있는 사이에 각 지방 정부들 또한 통제를 벗어나 부패하기 시작하면서 가렴주구에 빠져들어 민간 경제는 거의 파탄에 이르게 되었고, 자연히 그 여파로 인해 일반 백성들은 궁핍한 삶에서 헤어 나오지 못하는 악순환에 빠질 수밖에 없었다는 점이었다. 이 당시 후한 제국의 사회적 모순이 얼마나 극에 달해 있었는지 이해를 하면, 그로 인해 불만이 켜켜이 쌓여 가던 민중들에게 종교가 도화선이 되어 집단적인 봉기를 촉발하게 되었다는 사실도 자연히 납득할 수가 있다.

필자가 종종 사용하는 '사회적 탄성'이라는 개념을 여기에 적용해 보자면, 일반 민중들도 어느 정도까지는 본인이 견딜 수 있는 한계 내에서 구조적 모순에 따른 경제적 불평등을 감내하려는 성향이 있다. 하지만 그 강도가 임계치를 훌쩍 뛰어 넘어서는 순간, 사회는 안정된 상태로 항상 되돌아가고자 하는 기본적인 탄성(elasticity)이 깨지게 된다. 그럼 결국 봉기가 되었든 반란이 되었든 무엇으로 표현하든 집단적으로 불만이 터져 나와 사회 질서를 무너뜨리는 급진적인 세력화의 단계로 넘어가는 패턴을 보이게 된다.

정확히 황건적의 난도 민중들의 안정에 대한 희구를 뛰어넘는 생존 자체에 대한 증폭된 불만이 현세의 고통과 동시에 이성을 마비시켜 주는 종교라는 촉매제를 만나 화학 반응을 일으켜 폭발적으로 불타오르게 된 것에 다름아니다. 즉, 황건적의 난이란 명칭은 기성 질서 내의 지배 계층이 이들의 집단 행동을 적대적으로 바라보고 폄훼하여 붙인 것이고, 좀 더 정확히는 또 다른 중국식 표현인 황진치이(黃巾起义, Huángjīnqǐyi), 즉 '황건의 봉기'라고 일컫는 편이 정치적으로 올바른 일일 듯하다.

　　이들의 봉기가 거대한 들불처럼 중원을 집어삼킬 듯이 불어닥치던 당시 만주와 한반도는 중원에 비해서 조금 더 복잡한 구성을 띄고 있었다. 우선 서북방에는 선비와 오환이라는 유목민족이 존재했고, 그 동부에 부여와 부여에 부분적으로 신속과 반발을 반복하던 읍루가 위치했다. 그 아래로는 고구려가 있었고, 마찬가지로 고구려에 사실상 예속되어 있던 옥저와 동예의 집단이 있었다. 한반도 안쪽으로는 백제, 신라, 가야 등이 산발적으로 존재했다. 이 모든 세력을 여기서 다 다루기에는 구성만 복잡한 것이 아니라 사실상 기록도 부실하고 또 위치부터 그 모든 게 모호한 것들이 많아 일일이 언급하는 것은 피하겠지만, 어쨌든 동북아시아의 세력 판도는 고조선의 멸망 이후 줄곧 어떤 단일한 권력체가 전 지역을 통일한 상황은 아니라는 점만 기억해 두면 되겠다.

동북아시아 세력도(3세기 초)(출처: 위키피디아)

이 무렵의 고구려는 제9대 태왕인 고남무(高男武)가, 그리고 부여는 위구태(尉仇台)가 다스리고 있었다. 둘 다 기본적인 정보는 많이 부족하지만, 공통적으로는 원숙한 나이대였을 것으로 추정된다.

먼저 부여의 경우 위구태가 과거 120년에 왕자의 자격으로 한나라를 방문하였고, 또 연이어 다음 해인 121년 12월에 고구려가 기병 1만여 기로 한나라 현도군을 포위 공격하자 그가 2만 명의 지원군으로 고구려군을 격퇴한 기록이 전해진다. 이를 바탕으로 역으로 추산해 보면 이 당시 위구태의 나이는 최소한 80대

이상으로 상당한 고령이었을 것으로 짐작해 볼 수 있다.

반면에 고남무의 아버지인 신대왕(新大王) 고백고(高伯固, 89~179, 재위 165~179)가 88세가 되는 176년에 신하들의 독촉으로 뒤늦게 아들을 태자, 즉 공식 후계자로 삼았다는 사실만으로는 고남무의 태어난 해를 맞추기는 어렵다. 다만 그는 179년에 왕위에 올라 197년에 사망하게 되는데, 고구려 태왕으로서 20년 가까운 세월을 보내고 별다른 질병이나 사고 없이 정상적으로 생을 마감한 것을 보면 젊은 나이에 요절한 것은 아니라고 봐도 무방할 듯하다. 그렇게 본다면 이 당시 이미 최소한 40~50대는 되었을 것으로 추정해 볼 수 있지 않을까 싶다.

과장이 일부 있을 순 있겠으나, 나중에 고국천왕(故國川王)으로 역사에 남게 되는 고남무는 당시 신장이 2미터가 넘었던 것으로 기록에 남아 있다. 그에 비례해서인지 자태와 용모가 씩씩하고 뛰어나 그 힘이 무거운 솥을 들 만큼 셌다고 한다. 더욱이 일을 처리함에 있어서는 두루 의견을 듣고 결정하는 스타일이었고, 동시에 관대함과 엄격함 둘을 모두 갖추고 있다는 평판이었다.

이 무렵의 고구려와 부여는 한나라 국경의 지방 정부들과 어느 정도의 마찰과 얼마만큼의 협력 관계를 통해 공생을 하고 있던 상황이었다. 예컨대 부여는 167년에 국왕이 직접 군사 2만 명으로 현도군을 공격하여 현도태수 공손역(公孫域)과 전투를 벌였고, 다시 174년 1월에는 화평을 맺기도 했다. 동 시간대에 고구려도 169년 한나라 측의 요동 일대를 공격했지만 당시의 현도태수 경림(耿臨)의 반격을 받아 군사 수백 명을 잃는 피해를 입었고, 또 172년 겨울 11월에도 한 차례 한나라 대군의 공격을 받았다. 이때는 고구려의 명재상으로 유명한 명림답부(明臨笒夫)가 일명 청야 작전으로 한나라군을 굶주리게 해 어쩔 수 없이 퇴각하게 만든 후에 좌원(坐原)에서 수천 명의 기병으로 들이쳐 단 한 필의 말도 돌아가지 못하도록 전멸시킨 성과를 거두었다.

일진일퇴의 공방전처럼 보이기도 하지만 어쨌든 전반적인 방향성을 보자면, 고조선 멸망 이후 그 지역에 대한 고구려어로 다물(多勿)이라는 프로젝트, 즉 고구려 측의 고토회복("復舊土")을 위한 점진적 대외 확장 정책이 지속되고 있음을 볼 수 있다. 고구려는 부여에서 파생되어 성립된 국가이기도 하지만 가까운 만큼 사이가 좋을 수는 없어서 부여와는 적대적인 관계가 유지되고 있었고, 그 외에도 동쪽으로 옥저나 동예 같은 집단들을 점차 자신들의 관할로 끌어들이는 노력을 계속하고 있었다.

그러던 중 황건적의 난이 일어난 해인 184년, 이번에는 한나라 요동태수의 군대가 재차 고구려를 침공해 왔다. 고국천왕이 처음에는 동생 고계수(高罽須)를 보내 적군을 막았으나 방어에 실패하였다. 이에 불가피하게 고국천왕이 친히 정예기병으로 출병하여 한나라군과 좌원에서 전투를 벌였는데, 이번에는 대승을 거두어 베어 버린 적군의 머리가 산처럼 쌓였다고 한다. 명림답부가 승리하였던 바로 그 같은 장소에서 다시 한번 대승이 일어난 것이다.

이때만 해도 고구려는 중원에서 벌어진 황색 물결이 그 이후의 100년의 역사를 바꾸게 되리라고는 미처 예상치 못했을 것이다. 아직 동북아의 패권국으로 발돋움하지 못한 고구려 입장에서는 여전히 내치에 신경 쓸 일이 훨씬 많았다.

190년 9월, 아직 가을임에도 고구려의 수도는 폭설로 인해 눈이 1미터가 넘게 쌓이는 기상 이변을 겪었다. 문제는 이뿐만이 아니었다. 오히려 자연 현상은 탓할 대상이 외부에라도 있지만, 어떤 정권이든 피할 수 없는 내부에서의 권력 다툼이 하필 이 무렵 촉발되었다.

고국천왕의 아내인 우(于) 씨는 제나부(提那部, 연나부의 일족) 출신 우소(于素)의 딸로, 180년 2월에 정식으로 왕후로 격상되었다. 그녀의 친척 중에 중외대부(中畏大夫) 패자(沛者) 어비류(於畀留), 평자(評者) 좌가려(左可慮) 등이 있었는데, 이들은 집안 연줄을 통해 점차 권력을 장악할 수 있었다. 그들뿐만 아니라 자식들까지도 모두 집안의 권세를 믿고 안하무인이 되어서 남의 자녀를 함부로 약탈하고 강제로 논밭과 집을 빼앗았으므로 일반 국민들의 원성이 터져 나올 수밖에 없었다. 뒤늦게 이를 알게 된 고국천왕이 진노하여 그들을 모두 처단하려고 하자, 좌가려 등도 이대로 가만히 앉아 당할 수는 없다고 생각하였는지 신속히 연나부(椽那部) 내의 4개 세력을 끌어들여 반란의 불씨를 당겼다.

구체적인 과정은 알 수 없지만 반란은 무려 수개월을 끌었고, 해가 바뀌어 여름 4월에는 반란군이 기어코 고구려의 수도를 공격하는 지경에까지 이르렀다. 고국천왕도 이에 맞서 수도의 방위군 병력을 동원하고서야 겨우 이를 평정할 수 있었다.

반란 진압을 마친 후 고국천왕은 깨달은 바가 있었던 모양이다. 동일한 정치 시스템에 기반한 기존 그대로의 운영 방식으로는 권력 세력의 교체만 있을 뿐, 즉 또 다른 이익 집단들의 발호를 막을 수 없다는 생각 말이다. 고국천왕은 고민 끝에 이와 같이 지시하였다.

"그간 관례대로 관직을 부여하고 능력이 없어도 직위를 올려주니, 그 폐해가 국민에게도 미치고 왕가 역시 피해를 입게 되었소. 이는 내가 현명하지 못하기 때문이오. 이제 4부에서는 그동안 발탁되지 않은 현명하고 유능한 인재를 낮은 곳에서부터 찾아 추천하도록 하시오."

아마도 고국천왕은 아버지 신대왕 치세하의 명재상 명림답부를 떠올렸는지도 모르겠다. 자신이 태자로 지명받기도 전에 명림답부가 국상(國相)에 취임하여 고구려가 처한 국난을 어떻게 현명하게 헤쳐 나가는지 직접 겪어 봤기에 다시 한번 선대에 성공했던 방식을 도입해 보고자 하였던 것일 수 있다. 다만 처음부터 그렇게 하지 않은 이유는, 짐작컨대 신대왕의 경우 명림답부의 쿠데타 덕분에 왕위에 등극한 만큼 조정 내에서 막강한 권력을 지닌 대신의 눈치를 볼 수밖에 없었던 것을 고국천왕도 잘 알기에, 그런 상황이 자신에게도 반복될까 우려하여서 굳이 피하였던 것은 아니었을까 생각된다.

하지만 이미 다른 외척이나 대신들이 더 위험하다는 사실을 인지한 처지였기에 모 아니면 도의 심정으로 한번 크게 베팅을 해 본 것일 수 있다. 더욱이 이번에는 기존 기득권 세력 내에서가 아닌, 그럴 만한 배경이 약한 혹은 아예 없는 인물을 자신이 은혜를 베풀어 발탁하는 경우라면 상황에 대한 주도권은 자신이 쥐고 갈 수 있을 테니 말이다. 그런 이유에서 일부러 굳이 가장 낮은 곳부터 적절한 인물을 찾아보려고 하였던 것은 아닐까.

여기서 잠깐 당시의 고구려 내부 상황을 조금만 더 살펴보자. 고구려는 태왕을 중심으로 5부(部)로 구성되어 있었다. 각각 소노부(消奴部), 절노부(絶奴部), 순노부(順奴部), 관노부(灌奴部) 그리고 계루부(桂婁部)가 그것이다. 고구려어로 표현하면 앞의 4개 부는 순서대로 각각 비류부(沸流部), 연나부(椽那部), 환나부(桓那部), 관나부(貫那部)로 매칭된다. 기본적으로 개념은 다르지만, 굳이 비유하자면 일종의 로마시대 원로원처럼 집단 지도 체제와 같은 구성이다. 태왕조차도 계루부 소속이었다. 그래서 고국천왕이 지시한 대상도 바로 5부가 아닌 나머지 4부였던 것이다.

여담이지만, 계루부만큼은 별도의 고구려어에 대한 기록이 없는데, 아마도 계루(guilóu)는 곧 고구려 이전의 명칭인 구려(句麗, gōulí)와 비슷한 발음을 따서 기재가 된 것이 아닌가 싶다. 다른 부들도 대개는 고구려어의 원발음을 본떠 한자식으로 표기가 된 것들이기 때문이다. 소노부도 고구려에서는 비류부라고 불렀지만, 사실 송양(松讓)의 비류국이 그 모태였던 만큼 송양이라는 이름에서 파생된 것으로 보기도 한다.

기록상으로는 소노부가 원래 태왕을 배출하던 곳이었다고 하는데, 고구려 건국 당시 비류국과의 합병 과정을 통해 기존 비류국의 왕권이 통합 고구려국에서는 주몽과 그 후손이 갖게 되었기에 그렇게 해석된다. 소노부는 왕권은 잃었지만 그 대신 고추가(古鄒加)라는 칭호를 얻어 왕가에 준하는 대우를 받았다. 대표적으로 왕가에서만 가질 수 있는 종묘와 사직을 별도로 가지고 있던 곳이 바로 소노부였다. 절노부 혹은 연나부도 나름 특별 대우를 받았는데, 그건 대대로 왕실과 혼인해 온 집단이기 때문이었다. 이들 역시 고추가의 칭호를 받았다. 참고로 고추가는 여러 제후와 주변 이민족을 관리하며 아울러 정부의 공식적인 손님 접대 등 국가적 의례까지 관장하는 역할을 맡고 있었다.

이들 집단은 심지어 모두 자체적으로 관리 집단을 두고 임명권까지도 직접 가지고 있었다. 중앙정부의 관리 체계에서는 순서대로 상가(相加), 대로(對盧), 패자(沛者), 고추(대)가(古鄒(大)加), 주부(主簿), 우태(優台/于台), 사자(使者), 조의(皁衣), 선인(先人) 등이 있었는데, 각 집단 또한 사자, 조의, 선인 등 관리를 별도로 임명할 수 있었고, 태왕은 사후에 이를 추인하는 것이 전부였다. 다만 각 집단의 대가라 할지라도 왕가와 같은 반열에 앉거나 이동 시 같은 위치에 서는 것만은 그나마 허용되지 않았다.

한마디로 고구려는 절대 왕권의 사회가 아니었다. 이때까지도 국가에는 공식적인 정부의 창고가 없고, 각 집안마다 부경(桴京)이라는 사설 창고를 갖추고 있었다는 점은 결국 국가 재정의 안정성이 아직 체계적으로 확보되어 있지 않다는 의미이자 곧 고구려가 본격적인 중앙집권화 단계로는 아직 발전하지 못했음을 말해 준다.

삼국시대의 창고(출처: 국립김해박물관)

　바로 인접한 부여라고 상황이 다르지는 않았다. 국력을 인구 수만으로 직접 비례해서 측정할 수는 없지만 대략적인 비교는 가능할 텐데, 당시 부여의 인구가 8만 호, 즉 최소 40만 명 이상은 되었다고 하니 고구려 대비 그 규모가 두 배 이상은 되었으리라 미루어 짐작해 볼 수는 있겠다. 심지어 고구려와 비교해서 정부 창고와 감옥, 형벌 체계 등 국가적인 시스템이 좀 더 고도화된 모습을 보인다. 그럼에도 마찬가지로 국왕과 귀족 집단 간의 권력 구조는 그리 안정적이라고 보긴 어려웠다.

　부여에는 마가(馬加), 우가(牛加), 저가(豬加), 구가(狗加) 등 6개의 지배 계층이 존재했고, 모든 마을은 각각의 가에 소속되어 있었다. 여러 가들 중 규모가 큰 곳은 가구 수로 수천 가구이며, 작은 곳은 수백 가구였다고 한다. 각 마을에는 오늘날 중산층에 해당하는 호민(豪民)이 있고 그 밑에는 하층민으로 여겨지는 하호(下戶)가 있었다. 이들 중 앞 4개의 이름이 남아 있는 집단이 별도로 각자 사출도(四出道)라는 교통로, 곧 물류와 유통 전반을 통제하는 대가였던 것으로 추정된다.

그나마 부여 사회에는 노블레스 오블리주(noblesse oblige)의 정신이 살아 있었는지, 외적의 침입이 있을 때에는 각 가들이 직접 나서서 전쟁을 수행했고, 하호들은 후방에서 군량 공급의 역할만 담당하였다고 한다. 다만 국왕의 입지는 매우 취약했던 것으로 보이는데, 전국적인 기상 이변 때문으로 흉년이라도 들면 국왕에게 모든 책임이 있다는 인식이 있어서 왕위 교체나 심지어 국왕 시해까지도 거론될 정도였다. 뿐만 아니라 왕위 계승에 있어서도 이슈가 있을 시 각 가들이 의견을 모아 국왕의 선임에까지 직접 영향력을 발휘하기도 하였다.

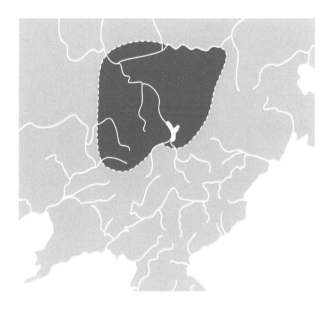

부여의 위치(3세기)(출처: 위키피디아)

　동북아시아의 대국인 부여에서 국왕의 위세가 이 정도에 불과
했으니 같은 문화권을 공유하고 있던 고구려 사회도 국왕과 귀
족 집단들 간의 경쟁 관계에 있어서 그리 크게 다르지는 않았었
을 것이다. 뻔히 주변국 상황을 알고 있던 고국천왕 입장에서는
이러한 상황이 남의 일처럼 느껴지지 않았을 수밖에 없다.

　그런데 고구려가 당면한 문제는 그뿐만이 아니었다. 이 당시
의 고구려가 건강한 사회가 못 되었다는 점은 여기에 있었다. 바
로 구조적인 사회 불평등이 그것이었다. 고구려가 위치한 지역
은 기본적으로 큰 산과 깊은 계곡이 많고 평야나 수원은 부족해
서 일반 백성들은 산골짜기를 따라서 사는데, 농지가 턱없이 부

족하다 보니 애써 농사를 짓더라도 항상 부족할 수밖에 없기에 절약하는 것이 일상화되어 있었다고 한다.

그런데 대가에 속하는 상층부는 일도 하지 않고 놀고먹기만 했는데, 그 수가 무려 1만여 명이나 되었고, 하호(下戶)라는 절대 다수의 하층민들이 온갖 노역을 통해 대가를 먹여 살리는 역할을 하였다. 이때의 고구려 인구가 3만 호였다고 하니 최소 15만 명 이상의 규모로 추산되는데, 물론 전국의 인구치고는 너무 적고 아마도 수도 혹은 직접 통제 가능한 직할 지역의 인구수로 짐작해 볼 수 있겠으나, 어찌 되었든 너무 많은 비중의 사회 지배층이 다수의 사회적 약자들을 사실상 구조적으로 착취하는 사회 체제였다. 냉철하게 사회를 바라볼 줄 아는 이들이라면 얼마나 이 체제가 지속될 수 있었겠는가 걱정되지 않을 수가 없었을 것이다.

더군다나 국가에는 공식적으로 감옥이 없었다는데, 그 이유는 이러했다. 죄를 지은 이가 있으면 제가들이 의견을 모아 사형에 처하고 그 처자식은 노비로 남는 게 일반적인 재판 방식이었다는 것이다. 하호와 노비는 서로 계층은 달랐던 것으로 보이지만, 어쨌거나 지배 계층이 끊임없이 저가의 노동력을 확보할 수 있는 루트로 악용되기에는 편리했을 듯하다.

이와 같은 고구려 사회의 구조적 문제점들을 해결해야겠다고 느낀 것은 사실 고구려에 고국천왕만 있지는 않았을 것이다.

오랜 논의 끝에 4부가 의견을 모아 동부(東部)의 안류(晏留)라는 인물을 추천하였고, 이를 수용한 고국천왕이 그를 불러들여서 국정을 맡기려 하였다. 이에 안류가 자신의 생각을 토로하였다.

"저는 부족한 사람이어서 중앙에서 큰 정치에 참여하기에는 준비가 되어 있지 못합니다. 저보다는 서압록곡(西鴨淥谷) 좌물촌(左勿村)에 사는 을파소(乙巴素)라는 인재가 있는데, 성격도 강직하고 의지가 다부지며 또한 지혜와 사려가 깊지만, 세상에 아직 등용되지 못하고 그저 농사로 자급자족하며 살고 있습니다. 만약 대왕께서 국정을 제대로 이끌고 나가시고자 한다면 이 사람이 아니면 안 될 것입니다."

을파소는 태어난 해는 알 수 없고, 다만 제2대 유리왕 때의 대신이었던 을소(乙素)의 후손이라는 사실만 알려져 있다. 신분제 질서에 기반하고 있던 고대사회에서 대신의 자손이라면 상당한 귀족 집안이었을 텐데, 어떤 일로 인해서인지 모르겠지만 가문이 몰락했기 때문인지 압록강 하류의 바닷가 인근에서 농사지으며 살고 있었다. 아마 평화로운 시기였다면 그는 고구려 사회에서 다시 상층부로 진입할 기회가 없었을지도 모를 일이지만, 언제나 기회는 예기치 않게 찾아오는 법이다.

이와 같이 인재 추천을 받은 고국천왕이 따로 사신을 보내 정중히 그를 초빙하였다. 그러면서 을파소에게 직책으로는 중외대부(中畏大夫), 직급으로는 우태(于台)로 임명하겠다는 제안을 하였다.

"내가 어쩌다 선왕의 뒤를 이어 왕위를 계승하였지만, 능력이 부족하여 아직 국정 운영이 쉽지 않은 상황이오. 선생은 뛰어난 재능에도 불구하고 눈에 띄지 않게 재야에서 지낸 지 오래되었지만, 다행히 이렇듯 세상에 나와 주었으니 이는 곧 나 개인의 행운이기도 하지만 국가와 국민에게도 축복일 것이오. 이제 가르침을 받고자 하니 공은 최선을 다해 주기 바라오."

"저는 엄명을 감당할 만큼의 자질은 없습니다. 대왕께서는 더 능력이 뛰어난 인재를 뽑아 그보다 더 높은 관직을 주어서 계획하시는 바를 이루시는 게 좋겠습니다."

의외의 답변이었다. 그런데 사실 을파소는 마음으로는 이미 국정에 참여키로 결정하였지만, 부여받은 관직이 국사를 다스리기에는 권한이 아무래도 미약하다고 여겨졌기에 사양하는 모양새를 취하면서 에둘러 본인의 참뜻을 전한 것이었다. 절대 권력자 앞에서 자신의 본심을 있는 그대로 말하는 것은 위험한 행동이었다. 더군다나 오늘 처음 본 사이이지 않은가. 완곡히 국왕의 속마음을 떠보는 수밖에 없었을 것이다.

두뇌 회전이 빠른 고국천왕은 즉각 을파소의 숨은 의미를 알아차렸다. 아마 다른 일반적인 권력자였다면 자신이 무명의 인물을 발탁해 주겠다는데, 은혜도 모르고 감히 더 높은 자리를 달라고 조르는 셈이니 화를 못 참고 무슨 짓을 했을지 모르지만, 이 국왕은 확실히 그릇이 달랐다. 그는 다시 오늘날의 국무총리에 해당되는 최고위직인 국상(國相)으로 격상하여 국정을 일임하겠다고 답변하였고, 실제로 그렇게 추진하였다. 조선시대의 역사가인 안정복(安鼎福)의 말마따나 유방이 장량을 얻고 유비가 제갈량을 만난 것과 같은 사건이었다. 사회의 변혁이 요구되는 시기에 배포 있는 신하와 냉철한 판단력을 가진 군주의 유기적인 공조 체제가 결성된 것이다.

이처럼 전례가 없는 파격적인 인사 발령에 누구보다 가장 크게 놀란 것은 조정의 대신들과 왕가의 일원들이었다. 그들은 충격에 빠졌다. 이미 안정적으로 기득권을 누리고 있던 그들 입장에서는 가뜩이나 같은 동지나 마찬가지였던 좌가려의 반란 후 진압 과정을 거쳐 조정 내 입지가 잔뜩 위축된 마당에, 듣도 보도 못하던 자가 나타나 갑자기 막강한 권력을 가진 일인지하 만인지상의 자리를 꿰차고 들어온 셈이니 기분 좋게 받아들일 리 만무했다. 그들은 한마음 한뜻으로 어쩌다 굴러온 돌일 뿐인 을파소가 그간 문제없이 잘하고 있던 능력 있는 이들을 일괄적으로 기득권 세력이라고 프레임을 씌워 국정에서 배척할 것이라 여겨 그를 증오하였다. 을파소는 이와 같이 기득권 세력으로부터 음으로 양으로 온갖 견제를 받을 수밖에 없었다. 이들은 을파소가 분명 궁극적으로는 자신들의 이권을 침범할 것이라고 보고 그를 하나같이 인정하지 않으려 했고, 당연히 이루 말할 수 없는 온갖 훼방을 다 놓았던 모양이다. 언제나 그렇듯 개혁에는 거센 반발이 수반되기 마련이다.

결국엔 조정의 분위기가 이렇게 돌아갈 것으로 예측하고 있던 고국천왕은 시의적절하게 강력한 경고의 메시지를 던졌다.

"출신을 불문하고 국상 을파소의 지시를 따르지 않는 자가 있으면 내가 직접 그 일족을 멸해 버리겠소!"

고국천왕의 개혁에 대한 확고한 의지와 발탁인사에 대한 전폭적인 신뢰에 대신과 친인척들만 놀란 것은 아니었다. 그 감정은 다르지만 을파소도 마찬가지로 놀라지 않을 수 없었다. 본인도 긴가민가했을 정도로 기대 이상의 믿음을 보여 준 왕에게 그 역시 감명받았고, 주위 사람들에게 자신의 솔직한 심정을 밝혔다.

"때를 만나지 못하면 그저 숨어 지내고, 때를 만나면 관직에 오르는 것이 마땅한 도리라고 생각했는데, 지금 대왕께서 저를 이와 같이 우대해 주시니 어찌 다시 옛날처럼 은둔하는 것을 생각할까 싶소이다."

이에 을파소는 다시 한번 마음을 다잡고 정권의 기득권 세력들로부터 갖은 훼방을 당하더라도 오히려 개혁을 이루어내고야 말겠다는 결의를 다졌다. 그 힘을 원동력 삼아 진심을 다해 국가 운영에 매진할 수 있었다. 그는 정치부터 사회, 문화 등 모든 영역에 있어 두루 개혁을 진두지휘하였고, 또한 법 집행에 있어서도 객관적으로 신중하게 처리하니 국민들이 마음 놓고 생업에 전념할 수 있게 되었다. 이렇듯 국내외 전반적으로 평화로운 사회 분위기를 누릴 수 있도록 최선을 다하였다. 고국천왕뿐만 아니라 국민들의 국상 을파소에 대한 신뢰와 존경은 하늘을 찌를 듯했다. 마치 고려시대 공민왕과 신돈의 첫 만남을 보는 듯하다. 하지만 이들의 관계는 시작은 비슷했을지 몰라도 끝내 변심하여 신돈을 내쳐 버리고 마는 공민왕과 분명 달랐다.

그렇다면 구체적으로 을파소의 개혁 성과에는 무엇무엇이 있었을까? 의외로 역사 기록에서는 이를 자세히 적어 두지는 않고 있다. 다만 그 이후의 변화로 역추적해 보면 몇 가지 힌트는 얻을 수가 있다. 예컨대, 고국천왕 대를 끝으로 토속적인 명칭으로서의 부(部)의 이름들이 점차 사라진다. 거의 동시대이긴 하지만 이보다 약간 후대에 지어진 《위략(魏略)》이라는 책에 따르면, 이미 후한 시기까지만 본래의 전통적인 명칭이 쓰였고 그 이후 어느 때부터는 아래와 같이 한자식 표현으로 바뀐 것으로 나타나는데, 그 대략적인 변화의 시점이 곧 이 무렵이었다고 생각된다.

- 계루부: 내부(內部), 황부(黃部)
- 절노부(연나부): 북부(北部)=후부(後部), 흑부(黑部)
- 순노부(환나부): 동부(東部)=좌부(左部), 청부(靑部), 상부(上部)
- 관노부(관나부): 남부(南部)=전부(前部), 적부(赤部)
- 소노부(비류부): 서부(西部)=우부(右部), 백부(白部), 하부(下部)

동시대에 벌써 동부와 같은 명칭이 등장하고 있고, 관나부인처럼 한동안 예전 명칭도 혼용되다가 이후에는 점차 동부, 하부 등 거의 한자식 표현이 일관되게 나타난다. 지금까지 전해지고 있는 후대의 고구려의 금석문들에서도 전부, 하부, 상부, 후부 등이 자주 발견된다.

재위	대무신왕		민중왕		태조대왕		차대왕	
년도	22	32	47	72	74	132	147	165
나부명	연나부	비류부	잠지락부	관나부	환나부	관나 환나 비류나	관나 환나 비류나	연나
방위명	남부							

　이는 결국 각 귀족 집단의 독립적 운영 방식을 국가라는 중앙 집중화된 체제 내로 재편·흡수하여 국가 조직의 한 구성 요소로서 작동하도록 체계 자체를 완전히 새롭게 설계하고 구축한 것으로 볼 수 있다. 앞서 언급하였던 것처럼 기존의 기득권 세력들이 전력을 다해 완강히 저항하였던 사유가 생생히 눈에 보이는 듯하다. 이렇듯 권력 구조의 근본적 개편이라는 고국천왕의 요청을 을파소가 정확히 이해하고 완벽히 수행하였던 결과물이 바로 이것이었다.

　뿐만 아니라 이때부터 사실상 정부 창고의 신설로 대변되는 국가 재정의 중앙집권화도 이루어졌다. 이전까지 고구려에서는 정부에 공식적인 창고가 없었다. 동시대를 기록한 중국의《삼국지》에서는 고구려에 "큰 창고는 없고 집집마다 작은 창고가 있다(無大倉庫, 家家自有小倉)"고 하였는데, 실제로 국가 차원에서 빈

신대왕	고국천왕		동천왕	중천왕	서천왕	봉상왕	미천왕
179	180	191	246	251~6	271	293~4	300
소노가	제나부			관나 비류 연나			
		동부	동부 하부		서부	북부 남부	북부 동부

곤한 국민들의 생존을 위해 구휼 활동을 할 때 "창고를 열다(發倉/開倉)"라는 표현은 고구려 초기인 서기 45년의 단 한 차례를 제외하면 거의 150년 만인 고국천왕 재위 16년, 즉 서기 194년에 사실상 처음 사용된다.

즉, 바로 이때에 들어서야 을파소의 개혁을 통해 정부의 중앙집중적 재무 관리 체계가 처음으로 갖춰지게 된 셈인데, 그 추진 배경에는 아마도 국가의 재정을 공고히 한다는 표면적인 이유가 있었던 것은 아니었을까. 튼실한 국가재정은 자연스럽게 그에 대한 통제권을 틀어쥐는 왕권에 힘이 실리게 되는 효과로 연결되니, 이는 결국 중앙집중적인 국가의 기틀을 다지는 포석이었을 것이다. 멀리 갈 것도 없이 이는 곧바로 당대에 복지국가 고구려의 탄생을 예고하는 일대 사건이 되는데, 다음 장에서 좀 더 자세히 다루어 보도록 하겠다.

어쨌든 결과적으로 을파소로서는 최선의 업무 환경을 보장받은 만큼 그 기대에 부응하는 성과를 보여 준 셈이고, 동시에 고국천왕 입장에서는 자칫 가능성 낮은 베팅일 수도 있다는 리스크에도 불구하고 최고의 결실을 거둘 수 있었기에 이보다 더 나을 수 없는 최적의 인적 조합이 아니었나 싶다.

그로부터 6개월이 지나 겨울에 접어든 10월의 어느 날, 고국천왕이 을파소를 천거하였던 안류를 불러 개인적으로 감사 인사를 전하였다.

"만약 그대의 말 한마디가 없었다면 나는 을파소도 얻지 못하고 이만큼 국정을 이끌어 오지도 못했을 것이오. 지금과 같은 많은 성과를 얻게 된 것은 결국 그대의 공이라고 하겠소."

그리고는 안류에게도 직급을 대사자(大使者)로 올려 포상하였다. 역시 매사에 결코 하나만 보지 않는 폭넓은 시각을 가진 지도자였다.

후대의 김부식(金富軾)은 이 일을 두고 감탄해 마지않았다.

옛날 현명한 군주는 현명한 이를 만나면 그를 등용하는 데 방법을 가리지 않았고, 일단 등용하면 의심하지 않았다. 그렇게 해야지만 현명한 사람이 적절한 위치에 앉고 능력이 있는 사람이 그에 걸맞는 직책을 맡아 정치가 잘 이루어지고 국정 운영이 원활히 될 수 있기 때문이다. 고국천왕이 직접 결단을 내려 을파소를 바닷가에서 발탁하여 주위 사람들의 이런저런 말이 있음에도 흔들리지 않고 백관의 위에 자리하게 하였으며, 또 그를 천거한 안류에게도 상을 주었으니 옛날 현명한 군주들의 방법을 정확히 이행하였다고 할 수 있겠다.

뿐만 아니라 조선시대의 대표적인 실학자 성호 이익(李瀷)도 이들의 만남에 대해서는 극찬을 아끼지 않았다.

지금 당장 재야에 있는 선비를 갑자기 조정에 불리 올리면 실패하지 않을 자가 드물 것이다. 고로 현명한 임금이라면 어진 신하를 대우하는 데 있어 작은 허물로 큰 뜻을 방해하지 않고, 여러 사람들이 지껄이는 것에 현혹되어 원대한 계획을 훼방 놓지 않음으로써 좋은 성과를 기대해 볼 만하다. 우리나라에서 역사상 유일하게 그런 사람을 얻은 바 있으니, 바로 을파소가 그였다.

3

고국천왕과
을파소의
개혁 프로젝트,
"복지국가
고구려"

194년 7월, 이제 겨우 초가을에 접어들었던 이 무렵에 갑자기 서리가 내려 한 해 동안 고생한 농사를 망치게 되자 수많은 백성들이 굶주리게 되어 국가의 창고를 개방하여 긴급 구제책을 펼쳤다. 다만 이때의 시혜 조치는 사실 근본적으로 문제의 원인을 해결하는 것은 아니었고, 급박한 상황에서의 응급 처치에 해당하는 것이었다. 고대사회에서 이 정도의 빈민층 구제 정책은 어느 나라나 있어 왔다. 다만 제도화되어 있지 않아 그때그때 상황에 따라 구휼하는 형태로 비상시적으로 가동되어 왔을 뿐이었다. 물론 이것만으로도 당장 굶어 죽게 생긴 국민들에게는 어느 정도 도움은 되지만, 보다 근본적인 대책이 필요함을 누군가는 느끼고 있었다. 그리고 그것을 행동으로 옮기게 되는 시점까지는 그리 오랜 시간이 걸리지 않았다.

흉작 발생 후 3개월 후인 10월, 고국천왕이 질양(質陽)으로 사냥을 나갔다가 우연히 길에 앉아 대성통곡하고 있는 이를 마주쳤다. 문득 호기심이 발동한 고국천왕이 그에게 말을 걸었다.

"어인 일로 그리 울고 있는가?"

"저는 매우 가난하여 늘 품팔이를 하여 어머니를 봉양했는데, 올해는 흉년이 들어 품팔이할 곳이 없어서 양식을 구할 길이 없기에 이렇게 우는 것입니다."

"아! 내가 백성의 부모가 되어 백성들을 이 지경에 이르도록 하였으니 이는 나의 잘못이구나."

고국천왕은 마음속으로 깨달은 바가 있었다. 궁에 돌아와 곧 담당 관청에 지시하여 가족이나 친척의 지원을 받을 수 없는 1인 가구 혹은 한부모 가정, 고아, 독거노인, 그 외에도 병들고 가난하여 자립이 어려운 사람들을 널리 찾아 구제하도록 하였다. 여기까지는 일반적인 빈민 구호였다. 하지만 그는 여기서 한 걸음 더 나아갔다. 기왕 하는 김에 아예 제도적으로 사회 안전망을 만들기로 한 것이다. 물론 그가 혼자서 직접 세부 사항들을 구상하였다기보다는 이 제도의 구체화에는 명재상 을파소가 따로 관여했다고 봄이 옳을 것이다.

구체적인 내용은 이렇다. 매년 봄 3월부터 가을 7월까지, 즉 보릿고개부터 곡식을 수확하기 직전까지의 곡식이 부족한 기간 동안에는 필요시 정부에서 보관 중인 곡식을 가족 구성원의 수에 비례하여 대여해 준다. 그리고 추수가 끝나고 겨울 10월이 되면 그때까지 빌린 것을 되갚게 하는 방식이었다. 그해에 추수가 끝나면 돌려받을 수 있다는 예측이 가능하기에 미래의 수확분을 담보로 한 정부의 신용 공여로써 어차피 쌓여만 있는 국가의 재정을 유동화하여 대출해 주는 일종의 생산적 복지 대책인 것이다. 정부 입장에서는 결국 나중에 회수할 가능성이 매우 높은 담보인 셈이어서 위험이 거의 없고, 국민 입장에서는 내가 낸 것을 급할 때 잠시 돌려받았다가 수입이 발생하면 그때 가서 상환할 수 있으니 생활의 안정을 보장받을 수 있는, 상호 이익이 되는 참신한 발상이었다.

그동안의 방식이 긴급 빈민 구휼로 사회 안전망을 운영해 온 초보적인 형태였다면, 새로 도입한 방식은 이제 공식적으로 매년 국가 시스템이 자동으로 작동되어 일반 국민들이 필요에 따라 편의를 제공받고 혜택을 볼 수 있도록 아예 제도로서 구체화시켰다는 것이었다. 이는 코페르니쿠스적인 발상의 전환이자, 근본적으로 국가가 일종의 대국민 사회보장제도를 마련한 역사에 한 획을 그은 사건이었다. 국왕의 문제 제기가 을파소를 비롯한 창의적인 실무자들을 거쳐 가장 바람직한 방식으로 항구적 제도로서 자리잡게 된 것이다. 농민의 실생활은 잘 몰라도 올바른 현실 판단을 통해 비전을 제시하는 국왕과 그 자신이 농민으로 살아 본 을파소가 현장 감각을 통해 보좌하는 완벽한 조화가 그 시너지를 발휘한 셈이다. 고구려의 국민들은 이 제도의 도입을 진심으로 환영했다.

역사에서는 이를 "진대법(賑貸法)"이라 부른다. 진(賑)은 흉년에 굶주리는 이들에게 곡식을 내어 주는 것을 의미하고, 대(貸)는 봄에 곡식을 대여해 주고 가을 추수 후에 다시 돌려받는 것을 뜻

한다. 즉, 긴급 구휼과 상시적인 대출 제도를 결합하여 나름 체계화된 형태의 사회 안전망을 구축한 것이었다. 최하층민에 대한 안전장치로는 진(賑)을, 그다음 한시적 유동성 위기에 취약할 수밖에 없는 차상위 계층에 대해서는 대(貸)를 시스템적으로 제공하는 다층적 복지 제도를 구축한 것이니 나름 그 체계적인 접근이 꽤 신선하게 느껴진다. 이 정도면 실제 생활에서의 경험이 뒷받침되지 않고서는 쉽게 나올 수 없는 제도이다. 현대 사회의 각종 제도들에 비하면 물론 단순한 형태에 불과하지만, 당시가 일반 국민은 단지 생산력 그리고 군사력의 제공 대상으로 간주되던 고대사회였음을 감안해 보면 이만큼이라도 사회보장제도의 틀을 만들어 내는 것은 상당히 놀라운 일이다. 더군다나 누구도 생각해 보지 못한 방식을 처음 고안해 낸 것은 충분히 인정해 줄 만하다.

이 진대법은 이후 통일신라시대를 거쳐 고려시대의 상평창(常平倉)과 의창(義倉), 조선시대의 상평·환곡(還穀)의 제도로 이어지는 동양적인 사회복지정책의 준거가 되었다. 두 명의 위대한 천재가 처음 씨앗을 뿌린 제도가 2천 년 가까이 살아남아 더더욱 확대 발전하여 오늘날 현대 사회에도 깊게 뿌리를 내리게 한 최고의 사례라 할 수 있겠다.

이로부터 불과 3년 후인 197년, 지방 군벌 출신의 권신이었던 동탁(董卓)에 의해 반강제로 황제의 자리에 오르게 된 헌제(獻帝) 유협(劉協)의 치세도 어느덧 9년 차에 접어든 이때, 중국에서는 큰 난리가 나서 그 백성들이 고구려로 피난 오는 일이 매우 많았다. 물론 한 해 동안 전부 몰려왔다기보다는 이 전후 무렵에 이 주민들이 눈에 띌 정도로 크게 증가하였다는 것을 의미한다고 해석하는 게 옳을 텐데, 잠깐 이 당시 중원의 상황을 짚어 보도록 하자.

시간을 거슬러서 이로부터 2년 전인 195년 2월, 한나라의 수도 장안(長安)에서는 동란이 발생하였다. 이 직전까지는 동탁 사후 그 수하였던 이각과 곽사가 혼란기에 일종의 공동 정권을 수립하여 권력을 장악해 왔었는데, 어느 순간 사이가 멀어져 서로 공격하는 지경에까지 이르렀던 것이다. 먼저 이각이 같은 동료였던 번조를 죽이고, 이제 겨우 15세가 된 황제 유협을 겁박하여 자신의 군영으로 데리고 가는 김에 장안의 궁궐을 불태우는 만행을 저질렀다. 여름 4월에는 곽사가 이각을 공격했는데, 직후에 이각은 황제를 대동하여 북오(北塢)로 이동해 갔다. 6월에는 남은 마지막 동료인 장제가 장안으로 돌아와 이각과 곽사를 겨우 화해시켰지만, 이는 사실 당시의 누구나 짐작할 수 있었듯이 일시적인 미봉책에 불과했다.

잠깐의 화평 기간을 보낸 후 10월이 되자 결국 곽사는 당시 동쪽으로 이동 중이던 황제 일행을 습격하여 탈취하고자 하였다. 얼마 안 되는 세력이나마 황제를 종군하던 이들이 막아내는 데는 성공하였지만, 한겨울에 길에서 노숙해야 할 정도로 황제는 궁핍한 처지에 놓여 있었다. 11월 이각과 곽사 등이 추격하여 황제의 군사를 격파하였는데, 동승 등 또 다른 지원 세력들이 나타나 재차 물리치는 데는 성공하였다. 12월 황제 일행이 이동을 재개하였으나, 이각 등이 추격해 와 또다시 황제의 군사들을 패퇴시켰다. 황제 유협은 한밤중에 황하를 건너 도망치는 수밖에 없었다.

우여곡절 끝에 황제 일행이 낙양(洛陽)에 도착한 것은 그다음 해 가을 7월이 되어서였다. 이전까지의 수도였던 낙양이었지만, 190년 당시 동탁이 장안으로 천도하면서 불태웠던 그 흔적이 고스란히 남아 있었다. 황제를 수행하였던 이들은 가시덤불로 덮인 담장에서 잠자리를 마련해야 할 정도였다고 한다. 조조가 황제를 영접하여 드디어 권세가의 길로 들어서게 된 것이 바로 이 시기의 일이다.

그렇다면 조금 더 동시대의 고구려와 가까운 지역에서 일어난 사건에 집중해 보자. 195년 당시 기주(冀州, 오늘날 베이징의 서남쪽 일대)를 차지하고 있던 원소는 자신의 부장 국의(麴義)를 보내 북방 유목민족인 오환과 선비를 규합하여 연합군을 결성, 요서 지역의 맹주 공손찬 공격에 나섰다.

요서군과 요동속국(각각 색칠한 부분과 진하게 강조된 부분)

여기서 잠깐 **공손찬(公孫瓚)**을 소개하자면, 그는 요서군(遼西郡) 출신으로 대대로 태수를 역임해 온 가문이었다. 출신이 그래서 인지 가까운 탁군(涿郡, 베이징 서남부)에서 공부하고 돌아와서는 거의 줄곧 요서군과 그 소속의 요동속국 등 고구려의 서쪽 일대 에서 지방 행정 및 지역 방위를 담당한 이력의 소유자였다. 여담 이지만 어머니의 신분이 높지 못했다는 것을 보면 아마도 외모 에 반해 관계를 통해 낳은 자식이었던 모양인데, 그래서 그런지 그는 젊었을 적에 잘생긴 미남자였다고 한다. 뿐만 아니라 목소리도 좋았고 언변도 뛰어난 똑똑한 인재였다는 평가다. 당시 요서태수가 그를 높이 평가하여 사위로 삼을 정도였으니 정말로 그랬을 것 같다. 한창때는 의리도 강하고 혈기가 넘쳐 죽을 고비를 숱하게 넘기며, 전장을 말 그대로 뛰어다녔던 적극적인 인물이기도 하다.

원소군과 공손찬 간의 본격적인 전투는 포구(鮑丘, 오늘날 베이징 인근)에서 일어났는데, 공손찬군이 2만여 명의 사상자를 내고 대패하였다. 이에 공손찬은 몇 차례 전투에서 지더니 역경(易京, 베이징 동쪽 허베이성 지역)으로 물러나 장기전을 대비해 둔전으로 군량을 축적하면서 방어에만 집중하였다. 그는 열 겹의 참호를 파고 그 뒤로는 상당히 높은 토산을 쌓고는 꼭대기에 누각을 만들었다. 아직 이 당시면 공손찬의 나이가 잘해야 40대였을 듯싶은데, 어쩌다 조로(早老)하게 된 건지는 알 수 없지만, 어찌 되었든 리즈 시절의 그 적극적이었던 성격은 어디론가 사라지고 자기 안위만을 챙기는 스타일로 변해 버려서는 더 이상의 대외 활동은 삼간 채 토산 꼭대기의 누각에만 머물면서 스스로 경계만 철저히 하였다.

공손찬

그나마 이때의 공손찬의 계획이 철저한 수비 전략으로 원소군을 지치게 한다는 게 맞다면, 다행히 초반에는 그의 작전이 먹혀들었다. 실제로 1년여의 대치를 통해 결국 국의의 부대가 먼저 군량이 바닥나고 병사들이 배고픔을 이기지 못할 상황이 되자 수천 명이 탈영하는 데 이르렀다. 이들이 고구려로 투항한 그 존재일 수도 있겠지만, 확실하지는 않다.

그런데 연이어 설상가상으로 197년 대규모 기근이 중국 전역을 휩쓸었다. 5월 여름 대규모의 메뚜기 떼(蝗蟲) 피해가 발생하였고, 가을 9월에는 양쯔강의 큰 지류인 한수(漢水)가 범람하는 등 자연재해가 잇따른 결과, 전국적으로 큰 흉년이 들어 장강과 회수 일대에서는 심지어 인육을 먹는 일까지 횡행할 정도였다고 한다. 이러한 피해는 고구려와 가까운 발해만 인근도 예외가 아니었다. 공손찬의 관할 지역에서도 가뭄과 메뚜기 떼로 인해 물가가 천정부지로 뛰어오르자 먹을 것을 구하지 못한 이들은 사람이라도 먹을 지경이 되었다는 기록이 전해진다. 이 일이 아마도 쐐기가 되어 대규모의 이재민들을 만들어 낸 것이 아닐까 생각된다.

그렇다면 이때 이재민들이 이동한 루트는 무엇이었을까? 기본적으로는 육로를 생각해 볼 수 있을 텐데, 그 먼 거리를 통과해서 고구려까지 다다르기에는 과정상 어려움이 많을 수밖에 없었다. 우선 바로 중간에 또 다른 공손 씨 가문의 요동왕국이 존재하고 있어서 육로를 택한 이들이라면 사실 더 멀리 있던 고구려보다는 언어도 쉽게 통했던 이곳이 1차 정착지가 되었을 확률이 크다. 다만, 바로 그쪽으로 가는 길은 선비와 오환 같은 북방 민족의 직간접적인 영향권 내에 속해 있어서 안전하게 이동할 수 있는 선택지였다고 단정하긴 어려울 듯하다.

대안으로는 해로를 떠올려 볼 수 있을 텐데, 실제로 고구려와 인접해 있던 요동왕국으로 피난 온 인물들의 출신지를 살펴보면 발해 건너 쪽이 많았다. 마찬가지로 요동왕국 건너의 고구려까지 올 정도였다면 아마도 산동반도를 출발지로 삼아 황해를 건너 한반도 북부를 거쳐 고구려 본토로 들어온 것이 아니었을까 추정해 볼 수 있을 것이다. 이 말인즉슨, 당시 서해 북부 쪽에 고구려는 이미 영토를 확장해 있었다는 뜻이 된다. 이에 대해서는 다음에 좀 더 구체적으로 살펴보도록 하자.

어쨌든 아마도 극도로 혼란스럽고 목숨 부지하기도 어려웠던 이 시기를 살았던 중국인들이 보기에는 비교적 가까우면서도 평화를 구가하고 있던 고구려가 피난처로 제격이었을 것이다. 당대에는 인력이 말 그대로 휴먼 리소스(Human Resource)였던 시절이라 항상 노동력이 절실하였는데, 고구려 입장에서도 외교적 마찰만 없다면 이들 피난인들이 굳이 부담만 되지는 않았었으리라 여겨진다. 공간이 협소할지언정 유휴 토지는 언제나 있었고, 농사라는 것이 어느 정도는 인력을 투입하면 투입하는 대로 그에 비례해 결과물을 산출해 내는 역할을 하기에 아마 고구려 정부에서도 이들의 노동력 활용을 위한 정착과 안정화에 많은 노력을 기울였을 것으로 생각된다. 그리고 그 처리의 주체는 역시 국상 을파소가 나섰을 것이다. 고국천왕 그리고 을파소가 준비해둔 국가적 사회 안전망이 빛을 발하는 순간이었다. 다만 안타까운 것은 고국천왕이 자신의 눈으로 직접 개혁의 성과를 마저 지켜보기에는 수명이 그리 많이 남지 않았다는 사실이다.

197년 5월의 어느 무더운 여름날, 고국천왕은 험난했던 자신의 정치 여정을 마치고 국양(國壤)의 들판에서 눈을 감았다. 무명이었던 을파소를 발굴하여 기꺼이 국정의 파트너로 인정해 주고 마음껏 실력을 발휘할 수 있도록 전폭적인 지원을 아끼지 않았던 신뢰의 동반자이자, 스스로 지배 계층의 눈높이가 아닌 민중을 위해 기꺼이 낮은 자리로 임했던 위대한 태왕의 서거였다.

4

고구려의
내란과
공손도 가문

고국천왕이 세상을 떠나던 그날, 그의 동생 고발기(高發歧, 혹은 高拔奇)의 집에 한 여인이 사람들의 눈을 피해 발걸음을 하였다. 그녀는 이제 남편의 상을 치러야 하는 왕후 우씨(于氏)였다. 가족의 죽음으로 인한 슬픔보다는 긴장한 기색이 더 역력했던 게 오히려 눈길을 끌었을 듯하다. 급하게 찾아온 발기에게 왕후는 알 수 없는 표정으로 이와 같이 떠보기부터 하였다.

"지금 대왕에게는 자식이 없으니 마땅히 공께서 왕위를 이으셔야 하지 않겠습니까?"

"세상일에는 다 순리가 있는 법이니 이는 그렇게 가볍게 논의할 일은 아닌 듯싶습니다. 그런데 어찌 부인께서 이런 야심한 시각에 은밀히 밖을 돌아다니시는 것인지 저는 잘 모르겠습니다."

아직 왕후가 비밀로 감추고 있었기에 발기는 고국천왕의 사망 소식을 전혀 듣지 못한 상태에서 이처럼 답할 수밖에 없었을 것이다. 하지만 왕후는 면전에서 창피를 당했다는 생각에 더 이상의 언급은 삼간 채 얼굴이 붉어져서 발기의 집을 빠져나왔다.

고구려 시대 집 모양 토기(출처: 국립중앙박물관)

그녀가 다음으로 방문한 곳은 또 다른 동생 고연우(高延優)의 집이었다. 한밤중에 왕후의 방문 소식에 연우는 급히 일어나서 의관부터 갖추어 입었다. 무언가 본능적으로 느껴진 것이 있었던 것일까. 그는 대문까지 친히 나가 그녀를 맞이하여 자리로 안내하였다. 정성을 다해 예의를 갖추고는 늦은 시각이었지만 술자리를 마련하였다.

이에 어느덧 아까의 문전박대는 머릿속에서 사라지고 동생 연우에 대한 어느 정도 확신을 얻은 왕후가 드디어 비밀과 함께 속마음을 털어놓았다.

"사실 조금 전 대왕께서 돌아가셨습니다. 허나 아들이 없으니 어찌 보면 발기가 연장자로서 왕위를 잇는 게 마땅하겠으나, 저한테 다른 마음이 있다고 하면서 거만하고 무례하게 구는 것을 보고 마음을 바꿔 연우 님을 만나러 온 것입니다."

짐작이 맞았던 것일까, 이에 연우는 더욱 예의를 갖추었다. 술 안주를 대접하기 위해 친히 칼을 쥐고 고기를 썰다가 잘못하여 손가락을 다쳤다. 얼른 왕후가 자신의 치마끈을 풀어 연우의 다친 손가락을 지혈해 주었다. 그렇게 한참의 시간이 흘러 이제 왕후가 궁으로 돌아가겠다고 하였다.

"밤이 깊어서 혹여나 예기치 못한 사고라도 있을까 걱정되오니, 저를 궁까지 바래다주실 수 있을까요?"

연우도 시그널을 읽은 것인지 기꺼이 왕후를 따라나섰고, 둘은 함께 손을 잡고 궁으로 들어갔다.

다음 날 새벽이 되자, 왕후는 신하들을 불러 모아 놓고 고국천왕의 죽음을 알리면서, 고인의 유지라고 하면서 동생 고연우를 차기 태왕으로 선포하였다. 그가 바로 제10대 산상왕(山上王)이었다. 중국 측 기록에서는 발기가 현명하지 못해 나라 사람들이 뜻을 모아 그를 국왕으로 추대하였다고 전해지는데, 왕위 계승의 키를 쥐고 있던 왕후의 가치를 제대로 못 알아보고 고지식하게만 대우한 것을 보면 현명하지 못했다는 평가가 맞는 것도 같다.

어쨌든 고국천왕의 상과 동시에 동생의 왕위 계승이 전격적으로 그리고 일방적으로 발표되자, 발기는 말 그대로 대노하였다.

눈에 뵈는 게 없는 상황에서 자신이 동원할 수 있는 모든 병력들을 긁어모아 곧바로 왕궁으로 달려갔다. 이때 그에게 동조한 세력이 비류수 유역을 본거지로 삼고 하호 3만 명을 보유하고 있던 옛 소노부(消奴部)였다. 그들이 동조한 이유는 밝혀져 있지 않아 추론할 수밖에 없지만, 본래 통합 고구려국이 되기 전 비류국 시절의 왕권에 대한 상대적 박탈감 내지 계루부와 절노부 곧 연나부의 오랜 공조에 대한 반발이었거나, 혹은 고국천왕 때부터 지속되어 온 귀족 집단에 대한 압박에 대한 반작용 등이 복합적으로 영향을 미친 것이 아니었을까 싶다.

"형이 죽으면 아우가 잇는 것이 상례이건만, 네놈이 순서를 무시하고 왕위를 빼앗은 것은 큰 죄가 아니더냐. 당장 내 앞으로 나오지 않는다면 네놈 처자식까지 모조리 참수해 버리겠다!"

발기는 왕궁을 포위한 채 이와 같이 소리쳤다. 산상왕이 3일간 궁성문을 닫고 버텼고, 발기가 내심 기대했던 궁궐 안에서의 자신에 대한 동조 세력의 이반도 전혀 없었다. 어느덧 냉정을 찾은 발기도 이제 상황이 자신이 생각했던 것만큼 쉽지는 않다는 사실을 깨닫고는, 군사를 물려 가족과 함께 소노부의 비류수 인근으로 철수하였다. 이때 발기를 따라가지 않았던 이가 있는데, 아버지와 뜻이 달랐던 박위거(駁位居)라는 이름의 아들이었다.

최고위급 왕족의 망명 스캔들은 이렇게 시작되었다. 이때 그는 소노부의 대가와 함께 하호들을 이끌고 곧바로 요동태수 공손도에게 투항하였다. 발기는 공손도를 만나 이렇게 자신의 사정을 밝혔다.

"저는 고구려왕 남무의 친동생입니다. 형이 아들 없이 세상을 떠나자 제 동생 연우가 형수 우씨와 모의하고 저 대신 즉위함으로써 패륜을 저질렀습니다. 너무나 분하여 상국에 투항하러 왔습니다. 간곡히 부탁드립니다. 병사 3만 명만 빌려주신다면 저들을 쳐서 난을 평정할 수 있습니다!"

어차피 당시 요동이라고 하는 최전방 국경지대를 지배하고 있던 공손도로서는 고구려의 내란 발생은 곧 본인의 헤게모니 강화로 직결되는 일이었던 셈이라 기꺼이 그 제안을 받아들였다. 다만 여기서 빌려주었다는 병사들이 과연 한나라 정규군이었을지는 미지수인데, 같이 투항하였던 소노부의 그 3만 명을 그대로 재투입한 것을 그렇게 표현했을 리는 만무하고, 아마도 잘해야 고구려와 같은 예맥 계통의 보조군 내지 이민족 주민들을 강제 징집하여 보태주었던 것은 아니었을지 의심이 된다. 그렇게 보는 이유는 바로 실전에서의 전투력 차이에 있다.

산상왕이 동생 고계수에게 병력을 주어 막게 하니, 발기가 이끄는 3만의 요동군이 대패하는 이변이 벌어졌다. 고국천왕 때에도 활약하였던 바로 그 고계수가 맞다. 그때는 전초전에서 실점하였다면 시간이 흘러 이번에는 처음부터 승전하였다는 게 차이라면 차이겠다. 아무래도 한나라 군대와의 현장 전투 경험이 있다 보니 어떻게 대응해야 할지 노하우가 있었던 것이 아닐까 싶기도 하고, 한편으로는 공손도가 빌려주었다는 병사들의 전투력이 분명 기대에 못 미치는 수준이었을 것으로 여겨지기도 한다. 어찌 되었거나 계수 입장에서는 시간차를 두고 받은 대로 고스란히 돌려준 셈이 되었다.

계수가 스스로 선봉이 되어 패배자를 추격하니 발기가 계수에게 호소하였다.

"네가 설마 지금 이 큰형을 해치려는 것이냐?"

계수는 형제간의 정이 아직 남아 있어서 모질게 대하지는 못하고, 이와 같이 반문하였다.

"연우 형이 왕위를 양보하지 않은 것은 비록 잘한 일은 아니지만, 그렇다고 형님은 고작 한때의 분노로 조국을 멸망시키려 하니 이건 도대체 무엇입니까? 저세상에 가서 무슨 면목으로 조상들을 보시겠습니까?"

이다음의 일은 너무 신화적인 내용이라 그대로 믿기는 어렵지만, 어쨌든 발기가 그 말을 듣고 부끄럽고 후회스러움을 견디지 못하여 달아나 배천(裴川)에 이르러 스스로 목을 찔러 죽었다고 한다. 계수가 소리 내어 슬피 울며 그 시체를 거두어 풀로 덮어 매장하고 돌아왔다.

산상왕도 어쨌든 비극적인 결말 때문에 마음 한편에 아련한 심정이 들지 않은 것은 아니지만, 그보다는 더 크게 기쁜 마음으로 계수를 궁중으로 초청하여 축하연을 열어 주었다. 그 자리에서 가족의 예로 대접하면서 이와 같이 말을 건넸다.

"발기가 다른 나라의 군사를 끌어들여 자신의 고국을 침범했으니 그 잘못이 너무나 크지만, 지금 네가 형한테 이기고도 죽이지 않고 풀어 준 것만으로 이미 형제간의 의리는 다 한 것일 텐데. 하지만 그놈이 자살했다고 네가 통곡했다는 것은 오히려 나한테는 의리가 없는 것이 아니더냐?"

계수가 안색이 바뀌며 눈물을 머금고 대답하였다.

"제가 한마디만 말씀드리고 죽기를 청하겠습니다."

"그게 무엇이냐?"

"왕후께서 비록 선왕의 유지에 따라 대왕을 세웠더라도, 대왕께서 예로써 사양하지 않으신 것은 일찍이 형제의 우애와 공경의 의리가 없었기 때문입니다. 저는 대왕의 덕을 이루어 드리기 위하여 시신을 거두어 준 것입니다. 어찌 이것으로 대왕의 노여움을 당하게 될 것을 헤아렸겠습니까? 대왕께서 만일 어진 마음으로 악을 잊으시고, 형을 상례(喪禮)로써 장사 지내신다면 누가 대왕을 의롭지 못하다고 하겠습니까? 제가 하고픈 말은 다 하였으니 죽어도 여한이 없겠습니다. 자, 이제 저를 처벌하셔도 좋습니다."

산상왕이 그 말을 듣고 앞자리에 앉아 따뜻한 얼굴로 위로하였다.

"내가 불초하여 의혹이 없지 않았는데, 지금 네 말을 듣고 나니 진실로 잘못을 알겠다. 너도 네 자신을 자책하지 말거라."

계수가 감사의 뜻으로 절하니 산상왕도 역시 절하였으며, 매우 기뻐하면서 자리를 파하였다.

197년 가을 9월에 담당 관청에 명하여 발기의 시신을 받들어 모셔 오게 하여, 왕의 예로써 배령(裴嶺)에 장사지냈다. 승자의 여유였을 것이다. 한참 후의 일이긴 하지만 발기의 반란 때 고구려에 남는 것을 선택하였던 그의 아들 박위거는 고추가까지 올랐으니, 계수가 목숨을 걸고 산상왕을 설득하였던 것이 주효하였던 것 같다. 그리고 산상왕은 본래 우씨로 인하여 왕위를 얻었으므로 다시 장가들지 않고 우씨를 그대로 왕후로 삼았다. 고구려의 역사에서 종종 언급되는 형사취수제(兄死娶嫂制)의 대표적인 사례이다.

여기서 고구려 왕위 계승 전쟁에 관여한 **공손도(公孫度)**라는 인물은 조금 더 깊이 들여다볼 필요가 있다. 앞서 요서 출신의 공손찬이 중원을 바라보면서 일생을 걸었던 인물이라면, 같은 공손 씨이긴 했어도 요동의 공손도는 그와 달리 중원과는 거리를 둔 독자적인 세력화를 추구하였다는 결정적인 차이가 있었다.

공손도는 요동군의 중심지인 양평현(襄平縣, 오늘날 랴오닝성 랴오양시 근방) 출신이었는데, 그의 부친 공손연은 어떤 사유에서였는지 가족과 함께 도망쳐서 현도군에서 살게 되었고, 공손도는 그때 현도군에서 말단 관리가 되었었다. 당시 현도태수는 공손역(公孫域)이 맡고 있었는데, 안타깝게도 아들 공손표(公孫豹)가 18세의 젊은 나이에 요절하는 비극을 겪게 되었다. 그런데 마침 공손도도 그 나이였고 또 어린 시절 아명 또한 공손표였다는 우연의 일치 덕분에 큰 슬픔에 빠져 있던 공손역의 눈에 들어 마치 친자식과 같은 대우를 받는 행운이 따랐다. 공손역은 정말 자신의 아들처럼 생각해서 그에게 학업의 길도 열어 주고, 심지어 좋은 혼처를 알아봐 주고, 결혼시켜 주기까지 했다.

요동군(좌측 하단)과 현도군(우측 상단)

사실상 대부 역할을 도맡아 해 준 공손역 덕분에 공손도는 자칫 평범한 일생을 살 뻔하였던 삶의 경로에서 벗어나 점점 더 위를 바라보고 살 수 있는 기회를 얻을 수 있었다. 나중에 상서랑으로 임명되었으며, 그 후에 30대의 나이에 기주자사까지 승진하였으니 나름 잘나가는 커리어였지만, 아무래도 타인의 도움에 의한 경력과 자신의 실력만을 기반으로 한 경력은 확실히 차이가 났다. 그 이상의 연줄이 없었던 그로서는 억울했겠지만 기주자사쯤 되면 온전히 정치인의 방식으로 태세 전환을 하였어야 했음에도 불구하고 아무래도 정무적 감각이 부족해서였는지 고작 터무니없는 소문으로 인해 파면을 당하는 불운을 겪었다.

그때부터였을까, 확실히 인맥에 대한 필요성을 절감해서였는지 공손도는 나름 네트워크를 구축하기 위해 노력을 다했던 모양이다. 189년 같은 요동군 출신인 서영이 동탁의 중랑장으로 임명되면서 공손도에게는 다시 기회가 왔다. 그의 추천으로 공손도는 고향 요동군에서 요동태수가 되는 행운을 얻었으니 말이다. 이제 마흔 줄에 접어든 공손도로서는 앞서 한 차례 물을 먹긴 했지만, 드디어 제대로 대운이 열린 셈이었다.

공손도는 자존심이 강한 남자였다. 한번 당했던 수모는 반드시 갚아 주어야 직성이 풀리는 성격의 소유자이기도 했다. 그가 현도군의 말단 관리에서 시작해서 여기까지 올라온 것을 요동군 사람이라면 누구나 다들 알았기에 처음에는 내심 그를 무시했었다. 이러한 자신에 대한 고까운 시선을 느낀 그는 제대로 본때를 보여 주기로 마음먹었다.

일전에 요동속국의 공손소(公孫昭)가 양평현령(襄平縣令)으로 있을 때 자신의 아들 공손강을 불러 오장(伍長)으로 임명했었던 적이 있는데, 공손도는 요동태수로 부임한 후에 그를 체포하여 양평현 시장에서 때려죽였다. 언뜻 보기엔 이해가 가지 않는 일이지만, 그의 입장에서는 자기 아들에 대한 대우가 박하였던 것에 대해 스스로의 자격지심으로 복수하였던 것이다. 이처럼 자기 자존심에 작게라도 상처를 입힌 자는 누구라도 꼭 처단해야만 했다.

뿐만 아니었다. 요동군 내에서 명문가로 이름나 있던 전소(田韶)의 집안은 오랫동안 우대를 받아 왔지만, 은혜를 갚을 줄 모른다는 이유로 모두 법에 따라 처형당했다. 이처럼 대가 끊기고 멸문지화를 입은 가문이 100곳을 넘어설 만큼 요동군 사회 전체에 공포 정치의 바람이 들이닥쳤다.

나중 일이지만, 하내태수를 역임한 이후 이 당시 요동군의 유명 인사로 있던 이민(李敏)은 공손도가 하는 일을 싫어해서 마찬가지로 그에게 해를 입을까 두려워 가족을 데리고 바다의 어느 섬으로 피신을 떠났는데, 공손도는 이 일을 듣고는 크게 화를 내며 그의 부친의 묘를 파헤쳐 관을 쪼개고 시체를 불태운 것은 물론, 그의 남아 있던 친인척들까지 연좌죄를 물어 죄다 죽여 버렸다. 그만큼 그의 보복은 철저하고 치열했다.

자신의 지배 영토에서마저 그랬을 만큼 공손도의 대외 정책도 그리 호락호락하지는 않았던 모양이었다. 그의 치세에 동쪽으로는 고구려를 공격하고, 서쪽으로는 오환을 토벌함으로써 그 위세가 국경 밖 이민족 사회에까지 영향을 미쳤다는 평가를 들었다. 연도는 불분명하지만 실제로 공손도가 부산(富山)의 적이라고 표현된, 아마도 오환 내지 그 배후의 선비를 공격할 때 고구려에서도 그의 위세 때문에 어쩔 수 없어서였는지까진 알 수 없지만, 어쨌든 대가 우거(優居)와 주부 연인(然人) 등을 파병했던 적도 있고, 또 역으로 고발기의 반란군 세력을 지원함으로써 고구려 국내의 혼란을 부추겼던 사례도 있고 하니 완전히 틀린 말은 아닌 듯하다.

한편으로는 공손도도 필요에 따라 이웃한 세력과 전략적 동맹을 맺었다. 가문의 딸을 부여에 보내 국왕 위구태와 혼인시킴으로써 자신의 우군으로 삼고자 하였던 게 대표적인 사례이다. 부여가 그 당시 강성하였던 두 세력, 즉 고구려와 선비 사이에 위치해 있다는 지리적 이점을 높이 샀기 때문이다.

이와 같이 공손도라는 존재는 고구려 입장에서는 불편하기 그지없었을 테지만, 한편으로는 한나라 본토의 혼란에 대한 일종의 충격 방파제 역할도 동시에 해 주는 측면도 없지 않아 있었다. 고구려의 관점에서 상황을 보자면 그가 너무 크는 것도 문제였지만, 그가 중간에 사라지는 것 또한 또 다른 문제가 될 수 있었다. 어느 쪽이 되었든 고구려로서는 어떻게든 피해야 할 옵션이었지만, 상황은 고구려가 원하는 대로 흘러가지는 않았다. 오히려 너무 커졌다가 갑자기 사라지는 두 가지 이슈가 동시에 발생할지 걱정해야 할 처지였다.

190년의 어느 날 공손도는 중원이 혼란스러운 것을 보고는 이와 같이 선언했다.

"한 왕조의 운명이 끝나려 하므로 나는 이제부터 왕업을 도모하기로 결심했다."

그의 발언은 진심에서 우러나온 것이었다. 약간의 과장은 인정하더라도 당시 공손도 휘하에 무려 10만의 군사력이 갖춰져 있었다는 언급도 있고, 실제로 조조가 수도를 비우고 있을 때 그의 배후를 칠 생각까지도 하였었다는 사실에서 그의 야심을 미루어 짐작해 볼 수 있다. 후에 조조가 그를 무위장군에 영녕향후(永寧鄕侯)로 임명한 일이 있었는데, 그냥 받아도 될 일을 그는 진노하여 다시 한번 본심을 표출한 적이 있었다.

"나는 요동에서 이미 왕으로 군림하고 있는데, 어찌 고작 영녕향후란 말인가!"

그의 말마따나 그는 실제로 왕처럼 행동했다. 그가 행한 일들을 보면 그의 의도를 정확히 알 수 있다. 우선 요동군을 분리하여 추가로 요서군과 요중군을 세우고 그곳에 새로이 태수를 임명하였다. 단순히 요동군 한 곳의 일개 지방 장관에 머무를 생각은 전혀 없다는 시그널이었다. 여기서 한 걸음 더 나아가서 요동반도에서 바다 건너 산동반도 일대의 여러 현까지 정복하여 그곳에 영주자사를 두었다. 그리고 스스로 요동후(遼東侯) 평주목(平州牧)에 직접 취임하고, 부친 공손연을 건의후(建義侯)로 높여 봉했다. 뿐만 아니라 한나라의 두 선조, 즉 고조와 광무제의 제묘를 세우고, 양평현 성남(城南)에서 하늘과 땅에 제사를 지내고 열병식을 하는 등 마치 자신이 황제가 된 것처럼 행동하였다.

그의 1차적인 야망은 자신이 한 고조처럼 스스로 건국 시조가 되는 "요동왕국"을 건설하는 것이었다. 다만 그 또한 하늘이 내려 준 생명의 끈은 더 길게 늘일 수는 없었다. 204년 아직 50대의 한창때인 나이에 공손도는 눈을 감았다. 그의 사후 아들 공손강이 후계자 자리를 물려받았고, 동생 공손공이 바로 그 아버지가 창고에 던져 버렸던 영녕향후를 이어받게 된다.

그리고 이제 드디어 조조가 등장할 차례이다.

5

조조의
오환 정벌

199년 여름 4월, 원소(袁紹)는 공손찬의 잔존 세력을 병합하여 황하 이북의 4개 주, 즉 청주, 기주, 유주, 병주의 땅을 갖고 10여만 명의 군사도 거느리고서 당시 조조의 근거지였던 허도(許都, Xu)를 공격하려 했다. 그해 가을 9월, 조조는 군대를 나누어 미리 관도(官渡, Guandu)를 지키게 하였고, 자신도 12월에 관도로 진출하여 진영을 세웠다.

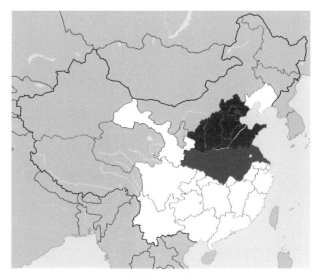

원소(북부)와 조조(중앙)

200년 봄 1월, 조조가 직접 동쪽으로 진군하여 유비를 공격하였는데, 그 이유는 명성에 비해 내실이 부족한 원소보다 영웅호걸로서의 유비를 높게 평가한 조조가 그가 거물로 성장하기 전에 미리 처단하기 위해서였다고 한다. 바로 이때가 패배한 유비가 원소에게 귀순하고 관우는 어쩔 수 없이 조조에게 투항하였던 그때였다. 당시 원소를 뒤로하고 유비를 공격하는 것은 위험하다고 다들 말렸었지만, 유일하게 31세의 젊은 천재 책사 곽가만이 이제 46세가 된 조조의 판단을 지지하였다.

그 둘이 예상하였던 대로 원소는 뒤늦게 움직였다. 2월이 되어서야 원소는 공격을 개시하였고, 적극적인 물량 공세에 한동안 조조도 애를 먹을 수밖에 없었다. 한때 그조차도 두려움에 철군을 고민할 정도였으나, 모사 순욱의 전쟁 지속에 대한 주장을 믿고 심기일전하여 재차 전쟁에 임할 수 있었다.

 결정적 순간은 그리 멀리 있지 않았다. 이제 초겨울로 접어드는 10월, 원소의 군수물자가 전장으로 오고 있다는 첩보를 투항한 허유를 통해 입수한 조조가 순유와 가후의 적극적인 지지를 바탕으로 급습을 결정하였고, 이때의 판단이 전황 자체를 바꿔 놓는 분수령이 되었다. 조조의 본진을 공격하려 했던 장합까지도 항복해 버리자, 결국 견디지 못한 원소와 원담 부자는 물자들을 모두 내팽개쳐 두고 본거지로 급히 퇴각할 수밖에 없었다. 이것이 관도대전의 전말이었다.

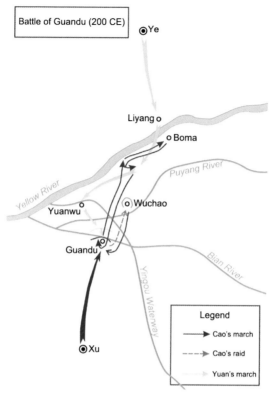

관도대전(출처: 위키피디아)

202년 여름 5월, 결국 원소는 이때의 패전의 여파로 세상을 떠났다. 한때 삼국지 세계의 주연급까지 떠올랐던 한 인물의 말로 치고는 용두사미 같은 결말이었다. 그에게는 아들이 셋 있었는데, 순서대로 원담(袁譚), 원희(袁熙), 원상(袁尙)이 그들이다. 원소가 생전에 총애하던 셋째 아들 원상이 가신들의 지지를 받아 공식 후계자가 되었다. 원래 집안의 장남이었던 원담으로서는 아무리 집안 내에서 양자로 입양 보내진 처지라고는 하나, 내심 닭 쫓던 개 지붕 쳐다보는 격이었을 것이다. 그는 스스로 '거기장군' 이라고 부르며 여양(黎陽, Liyang)에 따로 주둔했다.

그해 가을 9월, 조조는 원담과 원상 형제를 공격하였는데, 그들은 전투에서 패하자 퇴군하여 방어선인 여양의 수비에만 전념하였다. 둘이 사이는 나빴지만 당장 서로 위태로운 상황에 처하게 되니 오월동주와 같이 일시적으로나마 힘을 합칠 수밖에 없었다. 다음 해 봄 3월, 여양의 외성이 공격당하자 원담과 원상은 성 밖으로 나와 싸웠는데, 조조가 대승을 거두자 밤을 틈타 둘은 달아났다.

이제 계절이 또 한 차례 바뀌어 가을로 접어든 8월, 조조가 남부로 떠나가 있던 동안 원담과 원상 사이에서 아버지의 본거지였던 기주의 지배권을 차지하기 위한 내란이 벌어졌다. 당장 눈앞의 위협이 사라지니 다시 이권 다툼을 재개한 것이었다. 이때 원상에게 패한 원담은 도망쳐서 평원현까지 밀려나 방어를 하였는데, 원상이 신속히 후속 공격을 가해 오자 원담은 급히 조조에게 항복 의사를 밝혔다. 이에 조조는 즉시 회군하여 여양으로 북진하였다. 겨울 10월 조조는 아들 조정과 원담의 딸을 혼인시키도록 함으로써 원소의 두 아들 간의 사이를 더욱 벌려 놓았다. 원상은 조조가 자신을 향해 오고 있다는 첩보를 접하고는 원담에 대한 포위를 풀고 업성(鄴城, Ye)으로 돌아갔다. 이때, 양평 지역은 원상에 반기를 들고 조조에게 투항하였다.

204년 2월, 원상이 또 원담을 공격하였는데, 조조가 업성까지 진군하여 흙산을 쌓고 땅굴을 파서 공격하였다. 하지만 쉽게 업성이 무너지지 않자, 조조는 조홍을 남겨 업성 공략을 지속하게 하고 자신은 원상의 장군들을 공격하였다. 5월에 업성 주위에 참호를 파고 물을 넘치게 하는 방식으로 수공을 해서 성안은 굶어 죽는 자가 절반이 넘어설 지경이었다.

가을 7월, 원상이 본거지인 업성을 구원하기 위해 돌아왔다. 원상은 한밤중에 병사를 보내 조조의 포위망을 뚫으려 했지만, 조조는 이미 기다리고 있다가 반격하여 원상의 군사를 무찔렀으며, 아예 여세를 몰아 원상의 진영까지 포위하기 시작했다.

포위망이 채 완성되기도 전부터 원상은 지레 겁을 먹고 항복하려 했지만, 조조는 이미 다 이긴 승리를 굳히기 위해 항복을 받아들이지 않고 포위망을 더욱 죄어 가며 공격했다. 원상은 밤을 틈타 달아나 기산에서 방비를 다시 하였지만 조조군의 추격을 당했다. 원상의 부장들이 전투를 하기도 전에 항복했으므로 그의 군대는 붕괴되었고, 원상은 중산(中山)으로 달아났다. 조조군은 원상의 군수 물자를 모두 탈취하였다. 성안의 사기는 성벽보다 먼저 무너져 내리기 시작했다.

8월, 성내에 배신자가 나와 성문을 열고 조조의 병사들을 들여보내 주었다. 성을 지키던 원씨 가문의 심복 심배가 조조의 군사를 맞아 싸웠지만 불가항력이었다. 조조가 심배를 생포하여 참수하였고 결국 업성은 평정되었다. 그렇다고 전쟁이 끝났다고 모든 것이 마무리된 것은 아니었다. 곧바로 전쟁 이후의 질서를 세우고 평화를 정착시키는 일이 진행되었다. 황하 이북 지역은 오랜 전쟁으로 큰 피해를 입었으니 올해 세금은 면제토록 조치하였고, 또 기존 권세가들의 토지 겸병을 엄격하게 다스리는 법령을 내렸다. 온갖 내우외환으로 고생을 해 온 백성들 입장에서 당연히 기뻐할 만했다.

그리고 조조는 따로 시간을 내어 직접 원소의 묘에 가서 참배하고 그를 위해 눈물을 흘렸다. 아마도 원소와 처음 함께하였던 젊은 시절을 떠올렸던 것은 아닐까.

처음 원소가 조조와 함께 병사를 일으켰을 때 원소가 조조에게 이렇게 물어본 적이 있었다.

"만일 이 일이 성공하지 못한다면 어느 곳을 근거지로 삼을 수 있겠소?"

"귀공의 생각은 어떻습니까?"

"남쪽으로는 황하에 의지하고, 북쪽으로는 북방 민족과 세력을 합쳐서, 남쪽으로 진군하여 천하의 패권을 다툰다면 아마도 성공하지 않겠소?"

"천하의 지혜롭고 용감한 인재들을 받아들여 잘 다스릴 수만 있다면 가능할 것 같습니다."

원소와 조조

　이후 원상은 싸움에서 패하여 중산국으로 돌아갔고, 원담이 또 원상을 공격하자 원상은 다시 달아날 수밖에 없었다. 원담은 원상의 군대를 병합했다. 조조는 원담에게 편지를 보내 약속을 어긴 것을 질책하고는 그와 사돈 관계를 끊어 원담의 딸을 돌려보낸 후에 다시 진군을 시작했다. 원담은 크게 두려워하며 후퇴하였다.

　12월 조조는 직전까지 원담이 머물렀던 평원현에 도착하여 인근 지역을 평정했다. 그리고 바로 205년 봄 1월, 원담을 공격하여 그 군대를 격파하고 원담을 참수하였다. 그렇게 기주는 평정되었다. 하지만 이 또한 끝은 아니었다.

　이달에 원희와 원상은 이때 내부 쿠데타를 맞닥뜨려 어쩔 수 없이 삼군의 오환족에게 달아났다. 여름 4월, 삼군의 오환족이 광평현에 있는 선우보(鮮于輔)를 공격했다. 가을 8월, 조조가 노하를 건너가 광평현을 구원하자 오환족은 재빨리 변경으로 달아났다. 조조는 겨울 10월, 업성으로 돌아왔다.

이때 원소의 외조카 고간(高幹)이라는 인물이 있었는데, 조조가 업성을 함락시킬 때 투항하여 병주자사에 임명되었다가, 조조가 이번에 오환족을 토벌한다는 소식을 접하고는 반란을 일으키고 호관을 지키고 있었다. 206년 봄 1월, 조조가 바로 그 고간을 정벌하러 갔다. 고간은 별장에게 성을 맡기고는 흉노족에게 달려가 선우에게 구원을 요청했지만 거절당했다. 흉노의 선우조차도 대세를 읽을 줄 알았는데, 고간의 보는 눈이 얼마나 얕았는지 알 수 있다. 조조는 호관을 포위한 지 석 달 만에 함락하는 데 성공했다. 고간은 형주로 도망갔지만 결국 체포되어 참수당했다.

가을 8월, 삼군의 오환족이 천하가 혼란스러운 틈을 타 유주를 공략하여 총 10만이 넘는 한나라 가구를 약탈했다. 과거에 원소는 그들 부락의 우두머리를 세워 선우라 하고 친척의 자식을 딸로 삼아 그들에게 시집을 보냈는데, 요서의 선우 답돈은 세력이 특히 강하여 원소에게 후하게 대접을 받았다. 그런 인연으로 원상 형제는 그에게 의탁하여 여러 차례 변방을 침입해 피해를 입혔다. 조조는 장차 그를 토벌할 생각으로 물자, 운반에 필요한 두 개의 운하를 파고 평로거(平虜渠)와 천주거(泉州渠)라고 명명했다.

드디어 그 유명한 오환 정벌의 시기가 다가왔다. 207년 봄 2월, 조조가 북방으로 가서 삼군의 오환족을 정벌하려고 하니, 처음에는 여러 장수가 한결같이 반대 의견을 표명했다.

"원상은 도망자에 불과합니다. 또한 그곳 이민족은 탐욕스럽고 의리도 없는데, 어찌 원상 따위에게 가만히 이용당하겠습니까? 지금 오환족의 영토로 깊숙이 침입하여 정벌한다면, 유비는 반드시 유표를 설득해 허도를 습격할 것입니다. 만에 하나 변란이 생긴다면 후회해도 소용없습니다."

오직 곽가만이 조조의 원정 계획에 찬성 의사를 밝혔는데, 그 이유는 유표라면 결코 유비를 신임하지 않으리라 판단했기 때문이었다. 역시나 사람을 꿰뚫어 볼 줄 아는 기재다운 의견이었다.

곽가

여기서 잠시 **오환(烏桓)**에 대해 좀 더 자세히 알아보도록 하자. 오환은 중국의 북쪽 국경에 가까워 잦은 군사적 충돌을 일으켰던 바로 그 흉노와 같은 북방 민족의 일원으로, 이 당시 고구려 및 부여의 서편에 위치해 있었다. 한나라 초기에 흉노의 영웅 모돈(冒頓, 묵돌 혹은 묵특) 선우가 그 세력을 정벌하였을 때 패잔 세력 일부가 오환산에 의지하여 살았기 때문에 거기서 이름을 따서 오환이라고 부르게 되었다고 한다.

오환인들은 말타기와 활쏘기를 잘하고, 날짐승 사냥도 하면서 유목하는 것이 일상생활이었다. 고정된 거처에서 생활하지 않고 일종의 대형 천막인 게르(穹廬)에서 지냈다. 고기를 먹고 우유를 마시며 짐승의 털과 가죽으로 옷을 만들어 입었다. 청년들은 사회에서 중요하게 여겨졌지만 노인은 그만큼 존중받지는 못했던 습속이 있었다. 이들은 성격은 사납기로 유명했는데, 화가 나면 아버지와 형제들까지 죽일 정도였다고 한다.

오환의 문화에서는 강하고 용감하고 싸움을 잘하는 이를 추대하여 대인(大人)으로 삼았는데, 그 자리를 대를 이어 물려주지는 않았다. 마을마다 각각 소수(小帥)가 있었고, 수백수천 개의 마을이 모여 한 부(部)를 이루었다. 대인이 전체에 공지할 것이 있으면 나무에 새겨 신표로 삼으니, 비록 글자가 없어도 부족원들이 함부로 어기는 일은 없었다. 성씨는 일정치 않아서 대인 가운데 강한 이의 이름으로 성씨를 삼기도 했다. 대인 이하는 스스로 가축을 기르며 서로 부역을 시키지 않는다.

오환 사회에서 남자는 대개의 경우 아내의 말을 따르지만 전투와 관련된 것은 스스로 결정한다. 남자는 활, 화살, 안장을 잘 만들며, 금과 철을 단련하여 무기를 만들었다. 여자는 시집갈 때 머리카락을 길러 나누어 묶고, 머리 장식을 붙이며 금과 옥 등으로 장식한다. 여자는 가죽을 잘 손질하고, 천도 잘 짜고, 무늬를 만들 줄 알았다.

오환의 혼인 풍습에 따르면 남자가 장가들려면 먼저 여자를 납치하여 함께 지내고 반년 혹은 100일이 지난 후에 소, 말, 양 등의 가축을 처가에 보내 결혼 폐물로 삼는다. 사위는 아내를 따라 집으로 돌아가는데, 신분의 높고 낮음 없이 아침마다 절을 하지만, 희한하게도 자기 부모에게는 절을 하지 않았다. 또한 남자들이 처가에서 1~2년간 마치 종살이하듯이 처가살이를 하고 나서, 떠나게 될 때 처가에서는 재물과 함께 딸을 보내 주는 게 일반적이었다. 이때 처가에서 집과 살림살이 일체를 마련해 주는 게 전통이었다고 한다. 또 오늘날 관점에서는 이질적인 모습처럼 보일 순 있으나, 어쨌든 유목민 특유의 가족 문화가 있었는데, 아버지가 돌아가신 다음에 새어머니 혹은 과부가 된 형수를 가족 중 남은 남자가 남편이 되어서 생활을 책임져 주는 문화가 바로 그것이다.

오환 사람들은 또한 식량으로 기장을 많이 키웠는데, 보통 10월이면 곡식이 다 익었다. 이들은 새와 짐승이 새끼를 배거나 젖을 주는 것을 보고 계절의 변화를 인식하였다. 예를 들어, 뻐꾸기 울음소리가 들리면 경작하고 파종할 때가 되었다고 알게 되는 식이었다.

오환의 여러 부족 중에서 당시 한나라의 상곡(上谷)이라는 국경 밖 백산(白山)에 있는 세력이 가장 부강하였다. 그들의 법에 따르면 대인의 말을 어긴 자는 사형에 처해졌다. 만약 어떤 이가 살해되면 마을 사람들에게 복수할 수 있게 해 주는데, 보복이 멈출 기미가 안 보일 경우 대인에게 이 사실을 알리면 대인은 말이나 소, 양으로 대신 속죄하는 것을 허락했다. 아버지나 형제를 살해한 경우에는 특이하게 처벌을 가하지 않았다. 만약 도망치거나 반란을 일으켰다가 사로잡힌 자는 마을에서 다시 받아들이지 않고 멀고 먼 사막 한가운데로 추방시켰다.

오환 사회에서는 싸우다 죽는 것을 귀하게 여겼다. 누군가 죽으면 소리 내어 울면서 슬퍼하지만, 장지에 다다르면 노래하고 춤추며 고인을 떠나보내는 게 풍습이었다. 개 한 마리를 살찌워서 비단 끈으로 묶고 타던 말과 의복을 모두 불태워 장송한다. 귀신을 공경하며 천지, 일월, 성신, 산천 및 선대인으로 이름난 자를 제사 지낸다. 제사에는 소와 양을 사용하며 마치면 마찬가지로 모두 불태웠다.

한나라에서 황건적의 난이 일어나기 전까지는 아래와 같이 크게 네 집단이 오환을 구성하고 있었다.

- 상곡 오환: 대인 난루(難樓), 9천 부락
- 요서 오환: 대인 구력거(丘力居), 5천 부락
- 요동 오환: 대인 소복연(蘇僕延), 1천 부락
- 우북평 오환: 대인 오연(烏延), 8백 부락

이들은 모두 용맹하고 책략에 능했다고 한다. 187년에 중산태수(中山太守)였던 장순(張純)이 모반하여 요서의 구력거에게 합류하여 스스로 미천안정왕(彌天安定王)이라 불렀다. 마침내 요서, 요동, 우북평의 일명 "삼군 오환"을 총괄하는 원수가 되어 한나라 동북방의 청주, 서주, 유주, 기주 등 4개 주를 침략하였다. 그러자 188년 한나라에서는 유우(劉虞)를 유주목(幽州牧)으로 삼아 파견하였고, 이에 유우가 현상금을 걸어 현지인들을 규합하여 마침내 장순을 처단하니 북방이 겨우 안정되었다.

190년대 초에 요서 오환을 이끌던 구력거가 죽고, 그의 아들 누반(樓班)이 나이가 어렸기에 군사 전략에 밝다는 평을 듣던 조카 답돈(蹋頓)이 대신하여 삼군을 총괄하게 하니 오환의 무리가 모두 그에게 복종하였다.

원소가 공손찬과 전쟁을 벌였지만 지지부진하게 장기전이 되어 가고 있던 그때, 답돈이 원소 측에 사절을 파견해 화친을 요구하고는 곧바로 원소를 도와 공손찬을 협공하여 격파하는 데 성공하였다. 그 대가로 원소는 자신이 의사결정권자인 황제가 아니었음에도 불구하고 임의로 요서 오환의 답돈, 요동 오환의 소복연, 우북평 오환의 오연을 모두 선우(單于)로 임명하였다. 선우란 흉노 계열의 최고 통치자를 이르는 말이었다.

후에 누반이 강대해지자 소복연은 그의 수하를 이끌고 누반을 받들어 선우가 되었고, 지모와 계책이 많은 답돈이 왕이 되었다. 답돈은 무용이 탁월한 인물로, 변방의 장로들은 모두 그를 제2의 모돈 선우라고 칭송할 정도였다. 모돈 선우는 우리한테는 잘 알려져 있는 인물은 아니지만, 사실 역사에서는 묵돌 혹은 묵특이라고도 하여 기원전 3세기 말부터 2세기 초까지 흉노를 동방의 강자로 만든 위대한 영웅이었다. 특히 진나라 붕괴 후 중국을 재통일한 한나라 초대황제 유방과의 전쟁에서 압도적인 승리를 거둔 것으로 유명하다.

어쨌든 답돈은 멀리 떨어져 산천에 의지하면서 중원 등으로부터 도망쳐 온 사람들을 과감히 받아들이는 방법으로 여러 민족 사이에서 리더로 올라선 인물이었다. 원상은 패권 다툼에서 패하여 답돈에게 도망가 그의 세력에 의지하여 다시 기주를 탈환하려고 계획하였다. 이때 유주 및 기주로부터 오환으로 피난한 무리가 무려 10만여 호였다고 한다.

조조가 무종현(無終縣)에 도착한 것은 207년 여름 5월이었다. 그런데 마침 큰 비가 내려서 해안 도로, 곧 중원과 만주를 잇는 유일한 길인 요서주랑(遼西走廊)이 말 그대로 막히는 난처한 상황에 처하고 말았다. 마침 다행히도 당시 39세의 전주(田疇)라는 현지인이 길을 안내하겠다고 자처하였다. 전주는 항상 오환족이 과거에 자신의 고향을 습격하였던 것에 원한을 품고 언젠가 오환에게 복수하겠다는 뜻을 품고 있었다고 한다. 그가 조조에게 제안한 작전은 이와 같았다.

"이 길은 매년 여름과 가을에는 물로 가득 찹니다. 얕다고 해도 수레와 말이 쉽게 이동할 수는 없고, 또 깊다고 해도 배가 다닐 만큼은 아니니 오랜 시간 통행에 어려움을 겪을 수밖에 없습니다. 옛날 길 중에 노룡(盧龍)에서 유성(柳城)에 이르는 길이 있는데, 200년 전 이 길이 무너져서 끊어진 상태이지만 좁고 작은 지름길이 있어 그래도 통행은 할 수 있습니다. 지금 적군은 아군이 이곳 무종에서 발이 묶여 있다가 결국 퇴각하게 될 것을 기대하고 있으니 아무런 대비도 하지 않고 있을 게 분명합니다. 우리가 만약 군대를 조용히 철수시켰다가 노룡의 입구부터 험난한 여정을 뚫고 지나갈 수만 있다면 오히려 거리는 단축시킬 수 있고, 또 그들이 아무런 방비를 하지 않고 있을 때 이와 같이 급습한다면 손쉽게 답돈을 쓰러뜨릴 수 있을 것입니다.”

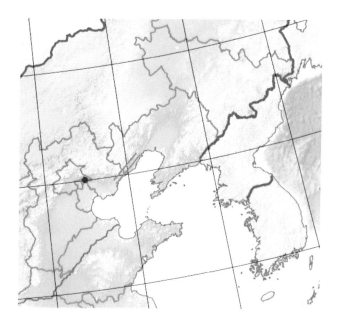

무종현과 해안가의 요서주랑
(노룡은 주랑의 좌측 하단, 유성은 우측 북단에 위치)

조조는 이 작전을 채택하여 진군을 결정하였다. 가을 7월까지 조조는 노룡을 거쳐 북쪽으로 약 200km에 거쳐서 산을 파고 계곡을 메워 가면서 또 다른 북방 민족인 선비족의 영토를 거쳐 다시 동쪽으로 유성까지 80km를 남겨 둔 지점까지, 말 그대로 고난의 행군을 하였다. 뒤늦게 비로소 오환은 조조의 대군이 본진 근처까지 다가왔음을 인지하고는 깜짝 놀라지 않을 수 없었다. 도망쳤던 원상과 원희는 물론 답돈 및 요서 선우 누반, 우북평 선우 능신저지(能臣抵之)가 수만의 기병을 이끌고 나와 범성(凡城)에서 조조군과 대치하였다.

8월이 되어 조조는 유성 서쪽의 백랑산(白狼山)에 올라서서 오환군과 조우하게 되었는데, 적의 병력이 매우 많았다. 조조 측의 군수 물자는 후방에 있었고, 갑옷을 갖춰 입은 군사는 적었으므로 조조가 이끌던 병사들은 모두 두려움에 떨 수밖에 없었다. 하지만 조조는 높이 올라가 적진이 정비되어 있지 않은 것을 보고는 곧바로 장료를 선봉에 세우고 병사들을 지휘하여 돌격하였다. 적군은 한순간에 붕괴되고 답돈과 그 외 왕이라 칭하던 수많은 오환 수령들이 전장에서 목숨을 잃었다. 기록상으로는 이민족 그리고 이들에게 합류해 있던 한족(漢族)까지 사상자 및 포로가 모두 20만 명이나 되었다고 한다.

요동 선우 속복환(速僕丸)을 비롯해 요서의 누반, 우북평의 오연 등 우두머리들은 동족을 버리고 원상, 원희와 함께 요동으로 도망쳤다. 그들은 여전히 수천 기병을 보유하고 있었다. 이때 요동태수 **공손강(公孫康)**은 자신의 근거지가 중원으로부터 거리가 멀다는 점을 믿고 조조에게 복종하지 않고 있었다. 조조가 오환을 무찌르자, 이 기회에 요동까지 정벌한다면 원상 형제를 잡을 수 있다고 참모들이 의견을 내었는데, 조조는 예상외의 답변을 하였다.

"나는 이제 공손강에게 원상과 원희의 참수한 머리를 보내오도록 할 것이니, 굳이 우리 군사를 움직이지 않도록 하라."

9월 조조가 유성으로부터 개선하여 돌아오고 얼마 안 있어 공손강은 원상과 원희, 속복환 등을 참수하여 그 머리를 보내왔다. 뜻밖의 결과를 보게 된 장수들은 의아했다.

"명공이 돌아오셨는데 오히려 공손강이 원상과 원희의 머리를 베어 보내온 것은 어째서입니까?"

"공손강은 평소 원상 등을 두려워하였지만, 내가 급박하게 공세를 퍼부으면 오히려 그들은 서로 힘을 합칠 수 있으니, 거꾸로 잠시 공세를 늦추어 서로 싸우게 만든 것이네."

소설에서도 묘사된 바 있듯이 역시나 조조의 명민한 판단력이 빛나는 순간이었다. 그러고는 반역자 원상을 목 베어 보내온 공손강을 양평후(襄平侯)로 봉하고 좌장군으로 임명했다.

결과적으로 조조의 위세는 북방 전역에 드날렸고, 남겨진 오환의 병사들은 전부 조조에게 투항했다. 이보다 앞서 염유(閻柔)라는 인물이 젊었을 때 오환과 선비의 신임을 얻고는 선비의 세력을 빌려서 무력으로 오환교위 자리를 차지하였었는데, 이 당시 조조에게 합류해 있던 염유가 유주와 병주 지역에서 관할하던 1만여 오환 부락도 이때 중원으로 옮겨 왔다.

오환 정벌은 과정은 힘들었지만, 결과적으로 조조에게 큰 영향을 준 사건이었다. 이후 조조는 새롭게 얻게 된 오환의 병사들을 자신의 지휘 아래 두고 중원에서의 전투에 활용하였는데, 이로부터 삼군 오환이라는 이름은 조조가 이끄는 유명한 기마부대로서 전장에서 명성을 떨치게 되었다.

여담이지만 원소와의 관도대전에서의 승리로부터 시작하여 이렇게 멀리 오환 정벌에 이르기까지 연속으로 성공을 거두고 돌아와 마침내 조정 내 최고위직인 승상에까지 오른 조조의 다음 행보가 바로 그 유명한 "적벽대전"이었다는 것은 역사의 아이러니일 듯하다. 208년 봄 1월에 업성으로 돌아오자마자 현무지를 만들어 수군을 훈련시켰는데, 이는 바로 남정을 위한 첫 단추였던 셈이다. 그렇게 빨리 수군을 준비할 수 있었다는 것은 이미 오환 정벌 때 복귀 후의 계획을 미리 세워 두었다는 것인데, 참으로 대단한 심모원려가 아닐 수 없다. 참고로 적벽대전은 오환 정벌로부터 정확히 1년 후인 208년 12월 위나라의 일방적인 철군으로 조조 입장에서는 씁쓸한 결말을 맺게 된다.

바로 옆까지 조조가 친정하러 와서 오환과 격전을 벌이는 동안 고구려는 정반대로 평화로운 시기를 보내고 있었다. 우여곡절 끝에 왕위에 오른 이후 산상왕의 관심사는 오로지 두 가지밖에 없는 듯 보였다. 하나는 새로운 수도의 건설이었고, 또 하나는 후계자를 얻는 것이었다.

차례대로 하나씩 보자면, 먼저 새로운 궁성인 환도성(丸都城)은

198년 봄 2월에 착공하였다. 이렇게 공사는 대략 11년 넘게 걸려 마무리가 되었고, 마침내 209년 겨울 10월에 환도로 이전할 수 있었다. 환도성은 지세가 험하고 큰 산과 깊은 골짜기가 많은 천혜의 요새였다고 한다. 지리적 거리는 가깝긴 하지만 이때 처음 수도였던 국내(國內)로부터 환도성으로 도읍을 옮긴 것인데, 제2대 유리왕(琉璃王)이 국내에 도읍하고 위나암성(尉那巖城)을 쌓은 지 207년 만의 일이었다. 여담이지만, 이후에도 여러 차례 수도의 변화는 있는데, 오늘날 평양성의 위치에 마지막으로 도읍을 정하는 것은 586년의 일이 된다.

위나암성과 환도성(오늘날 지린성 지안시) 그리고 평양성

당시 이보다 더 산상왕의 신경을 집중시킨 것은 바로 후계자 문제였다. 직전 태왕인 고국천왕이 자식 없이 후계 구도를 명확히 하지 못한 채 세상을 뜨자, 곧바로 국가적 혼란이 야기된 것을 그는 계속 마음에 두었던 모양이다. 더군다나 개인적으로도 왕후 우씨가 형이나 자신과의 사이에서 2세를 낳지 못하자, 우씨에게 근본적인 문제가 있는 것은 아닌지 의심하기 시작하였던 것 같다.

203년 봄 3월에 산상왕이 아들이 없어 산천에 기도하였는데, 이달 15일 밤에 꿈에서 하늘로부터의 계시를 들었다.

"내가 너의 소후(少后)로 아들을 낳게 할 것이니 걱정하지 말라."

산상왕이 잠에서 깨어나 여러 신하들에게 말하였다.

"꿈에서 하늘이 이와 같이 일러 주었으나 나에겐 소후가 없으니 어찌해야 되겠소?"

이때 나이 든 을파소가 눈치도 없이 산상왕에게 이렇게 대답하였다.

"하늘의 뜻은 예측할 수 없으니 왕께서는 기다려 보시지요."

왕위 계승과 관련해 왕가 내부의 자중지란이 한창일 때 을파소의 모습은 역사에서 보이지 않는다. 산상왕이 등극한 이듬해부터 환도성을 건설할 때 을파소도 관여했을 수 있지만 이 또한 기록은 남아 있지 않고, 몇 년이 되도록 산상왕이 자신의 후계자가 될 아들을 갖지 못해 조급해할 때 소후, 즉 왕후 우씨 외에 후사를 위한 또 다른 아내를 갖고자 하는 속마음도 못 알아채는 역할로 잠시 나타나는 게 전부이다. 이 때문에 조선시대의 유학자들은 그가 다음 왕이 들어설 때 왕후를 선택하는 일에 자신의 의견을 피력하지 않은 것을 비판하기도 하였다.

하지만 굳이 그에 대한 변명을 하자면, 아마도 이 시기에 명목상의 국상의 자리는 유지했을지 몰라도 사실상의 실권은 대부분 빼앗긴 것이 아닌가 생각된다. 야심만만한 태왕의 등장과 권력욕 강한 외척의 대두로 인해 더 이상 국상 한 명에게 모든 권한이 집중되는 상황은 아니었던 것 같기 때문이다. 국상의 자리는 이제 그저 태왕의 자문기구 정도로 전락한 듯했다. 그리고 본인도 그것을 잘 알고 있었을 게 분명하다. 그렇기에 얼마 남지 않은 자신의 수명을 헤아려 국상임에도 스스로 낮은 자세로 다음 왕의 왕권 안정에 기여라도 하자는 생각을 하였던 것은 아닐지 추측해 볼 수 있다. 그에게는 고구려 사회의 평화가 다른 무엇보다도 우선이었다.

그로부터 몇 년 지나지 않은 시점인 산상왕 재위 7년 차였던 203년 가을 8월, 국상 을파소가 세상을 뜨니 온 나라에서 통곡이 멈추지 않았다. 고구려의 평화로운 시대를 이끈 한 위대한 인물의 죽음을 모든 국민이 슬퍼한 것이다. 그러나 앞서 국상이었던 명림답부의 사망 당시 신대왕의 처우와 지금의 산상왕의 반응은 사뭇 달랐다. 신대왕은 직접 나서서 깊은 슬픔을 표현하며 7일 동안 업무를 중지한 것은 물론 고인의 영지인 질산까지 가서 예를 갖추고 장사 지낸 다음 묘지기로 20개 가구를 두도록 하는 등 온갖 조치를 취했지만, 온 국민의 사랑과 존경을 받았던 을파소에 대해서는 산상왕이 무언가 눈에 보이게 한 일이 없었다.

고구려의 빛나는 미래를 위해 그 터전을 닦은 역사적 인물의 생애에 비해 산상왕을 비롯한 지배층의 무관심은 국민들의 애통함과 너무도 상반되었다. 이 모든 게 권력에 기본적으로 내재되어 있는 비정한 속성 때문이겠지만, 아마 을파소도 그런 현실을 잘 알았기에 처음 출사할 때부터 그만큼 고심이 깊었던 것은 아니었을까. 그래도 그간의 노력 덕택에 그의 희망대로 안정적인 사회는 그 이후에도 한동안 이어질 수 있었음은 물론이다.

한편 산상왕은 마치 기다렸다는 듯이 곧바로 고우루(高優婁)를 차기 국상으로 임명하였다.

208년 겨울 11월에 제사용 돼지, 즉 교시(郊豕)가 달아났다. 아니, 정확히는 달아나게 놔두었다는 게 정확한 표현이겠다. 고대에는 다양한 방식으로 하늘에 운세를 점쳤는데, 독특하게도 고구려에서는 제사용 돼지를 풀어서 어디로 가는지 보고 결정을 점지받는 일종의 미신 같은 행위가 있었던 모양이다. 예컨대 초기에 국내 지역으로 도성을 옮길 때에도 마찬가지 방식을 사용하였던 것이 기록에 남아 있다. 어쨌거나 담당자가 돼지를 쫓아서 관노부의 주통촌(酒桶村)에 이르렀는데 머뭇거리며 잡지 못하였다.

이때, 20세쯤 되어 보이는, 얼굴도 예쁘고 약간은 요염하게 생긴 여자가 웃으면서 나서서는 돼지 잡는 것을 도와주었다. 산상왕이 듣고 이상하게 여겨 후녀(后女)라는 이름의 그 여자를 보려고 신분을 감추고 가서 밤에 집에 이르러 시종을 시켜 알렸다. 주통촌에서는 산상왕이 온 것을 알고 감히 거절하지 못하였다. 산상왕이 방으로 들어가 후녀를 불러서 같이 잠자리를 가지려고 하자, 후녀가 의외로 당당하게 요구를 하였다.

"대왕의 명이니 감히 피할 수 없겠으나, 만에 하나 자식이 생긴다면 저를 버리시면 안 됩니다."

당연히 산상왕이 그러겠다고 약속하였다. 그러고는 자정 무렵이 되어 궁으로 돌아왔다.

그로부터 4개월이 지나 209년 봄 3월이 되어 뒤늦게 왕후도 산상왕과 후녀 사이의 정사를 알게 되었다. 당연히 질투심에 몰래 병사들을 보내 죽이려고 하였는데, 후녀도 그 사실을 알고는 남장을 하고 도망쳐 달아났다. 병사들이 서둘러 되쫓아가서는 후녀를 마침내 해치려고 하였다. 붙잡힌 후녀도 이젠 이판사판인 만큼 용기를 내어 따지듯이 외쳤다.

"너희들이 지금 와서 나를 죽이려고 하는 것은 왕의 명령이냐, 왕후의 명령이냐? 지금 내 뱃속에 왕의 아이가 있는데, 나를 죽일 수는 있어도 감히 왕의 자식까지 함께 죽일 수 있겠느냐!"

혹여나 후녀의 말이 사실이라면 왕후의 말을 따를 경우 정작 자신들이 곧바로 죽게 생겼으니, 병사들도 함부로 후녀를 해치지 못하고 결국 빈손으로 돌아올 수밖에 없었다. 그렇게 왕후에게 후녀의 말을 보고하자, 왕후가 더욱 화가 나서 반드시 죽이려고 길길이 날뛰었다. 하지만 그런 왕후의 분노와는 별개로 어느 누구도 감히 태왕의 자식에게까지 감히 칼을 들이댈 용기를 내지는 못하였다.

산상왕이 이 말을 전해 듣고는 다시 후녀의 집으로 찾아가서 물었다.

"네가 지금 임신한 아이는 누구의 아이냐?"

"저는 평생 형제와도 자리를 같이하지 않았는데, 하물며 감히 다른 성씨의 남자를 가까이하였겠습니까? 지금 제 뱃속에 있는 아이는 정말로 대왕이 남기신 것입니다."

산상왕이 너무도 기쁜 마음에 위로와 함께 선물을 후하게 주고 이내 돌아와 왕후까지 설득하니, 왕후도 결국 생각을 접을 수밖에 없었다. 무엇보다도 자신은 산상왕의 자식을 낳지 못하는 몸임을 스스로 가장 잘 알았기 때문이다.

어느덧 그렇게 10개월이 지나 가을 9월에 후녀가 사내아이를 낳았다. 누구보다도 산상왕이 가장 기뻐하였다.

"이는 하늘이 나에게 대를 이을 아들을 내려 준 것이로구나!"

하늘에 제사 지낼 돼지(郊豕)의 일로 시작하여 다행스럽게 아들을 낳아 줄 여인을 얻었으니 거기서 이름을 따서 아명을 교체(郊彘)라 하고, 후녀를 소후로 삼았다. 처음에 소후의 어머니가 뱃속에 아이를 가졌을 때 무당이 점을 쳐서 말하기를 반드시 왕후를 낳을 것이라고 하였었는데, 그 일로 어머니가 아이의 이름을 후녀(后女)라고 지었다고 한다.

213년 봄 정월에 다섯 살이 된 교체를 왕태자로 삼았고, 또다시 시간이 흘러 224년이 되어서는 교체로부터 왕손 고연불(高然

弗)이 태어났다. 교체의 나이 16세 때의 일이니 못해도 15세에는 이미 혼인을 하였을 것으로 자연스럽게 해석된다. 어쨌거나 자식을 갖는 것이 소원이었던 산상왕으로서는 연이은 경사였을 것이다.

그사이 217년 가을 8월에 한나라 평주(平州)의 하요(夏瑤)가 백성 1천여 가(家)를 데리고 투항해 왔는데, 산상왕은 이들을 받아들여 고구려 동북방의 중심지인 책성(柵城)에 안치하였다. 이 당시 중원에서는 전염병이 크게 돌았다고 하는데, 이를 피해 온 이들이 아니었을까 싶다.

하지만 그보다 커다란 사건이 바로 뒤에 일어났다. 220년 초 삼국지의 풍운아 조조가 세상을 뜨자 위나라 왕위를 이어받은 조비(曹丕)가 직후부터 수개월 간의 철저한 준비 끝에 그해 겨울, 기어코 한나라를 무너뜨리고 자신이 직접 황제로 등극한 것이었다. 그렇게 본의 아니게 한나라의 마지막 황제로 기록되게 된 헌제 유협도 이제는 어쩔 수 없다고 생각하였는지 모든 것을 포기한다는 자세로 조비에게 양위를 해 주고는 자연스럽게 역사의 무대에서 물러나고 말았다. 조비는 헌제 및 그의 친인척에게 명예뿐이긴 하지만 요식 행위로 최고의 우대를 해 주는 것으로 이에 보답하였다. 이 사건은 《후한서》에서 "이에 천하는 결국 삼분되었다(於是天下遂三分矣)"라고 평했을 만큼 역사상 중요한 분수령이었다.

곧바로 촉나라에 그 여파가 불어닥쳤다. 바로 직전인 219년 촉의 유비는 위나라에 빼앗긴 한중을 되찾기 위해 전년도에 한중을 쳤다가 크게 낭패를 당하고는 오히려 이해 봄에 조조의 대군에게 역공을 받은 상황이었다. 다행히 수개월 동안 가까스로 방어에 성공하여 여름경 조조도 결국 한중에서 회군하였고, 그 직후인 가을에 유비는 한중왕(漢中王)으로 추대받아 왕위에 올랐다. 이때 아직은 주목받지 못하던 위연(魏延)을 발탁하여 전략적 요충지였던 한중을 맡기는 파격을 보여 주었다.

관우가 위나라의 조인을 공격하고 번성에서 우금을 사로잡아 중원에 일대 파란을 일으켰으나, 예상치 못했던 손권의 후방 기습으로 결국 자신도 목숨을 잃고 촉나라에는 형주 상실이라는 크나큰 피해까지 입힌 것도 이 당시의 일이었다.

그러던 중 220년 위나라의 조비가 황제로 즉위하자 온갖 소문들이 중원에 파다했는데, 특히 가장 컸던 것은 한나라의 마지막 황제 유협이 비극적으로 살해당했다는 내용이었다. 이 소식을 접한 유비는 곧바로 국상을 발표하고 상복을 입고는 마지막 황제를 추모하였다. 그러자 곧바로 제갈량을 비롯하여 수많은 촉나라 중신들이 유비에게 한나라의 제위를 이을 것을 간청하였다. 이에 유비는 4월 6일 드디어 황제로 즉위하였다.

이는 오나라 손권(孫權)의 귀에도 들어갔지만, 그는 유비가 이 상황에서 즉위하였다는 정보에도 유혹에 넘어가지 않았다. 오히려 그는 외교적으로 통 크게 위나라 조비에게 고개 숙이고 한 수 접어 주는 모습까지 보인다. 신하들이 손권에게 제위에 오르기를 권유하였음에도 받아들이지 않았다. 그가 최종적으로 마음을 정하기까지는 시간이 좀 더 흘러 229년이 되어야 한다. 흥미로운 사실은 황제 즉위 직후 처음으로 행했던 일이 바로 요동으로 사신을 파견한 것이었는데, 나중에 자세히 들여다보겠지만 마치 나비효과(butterfly effect)처럼 이때의 일이 돌고 돌아 고구려와 오나라가 외교적으로 연결되는 계기가 된다.

어쨌든 사실 헌제는 이 당시 죽기는커녕 54세가 되는 234년까지 생존하였는데(참고로 헌제와 제갈량은 생몰년이 같은 동년배이다), 분명 유비도 나중에 헌제의 생존을 알게는 되지만 기왕 황제가 된 마당에 그 자리에서 내려올 생각은 전혀 없었다. 그의 즉위는 공적 목적보다는 자신의 사적인 사유에 있었음은 쉽게 증명이 된다. 스스로 밝힌 즉위의 사유가 조조의 아들 조비에 대해서 "하늘의 징벌을 집행"하겠다는 것이었음에도, 즉위 직후에 복수에 나선 대상은 위나라가 아닌 관우의 죽음에 대해 책임이 있던 손권의 오나라였기 때문이다.

하지만 여기까지가 유비의 한계였다. 대군을 이끌고 직접 동벌에 나섰음에도 불과 1년 만에 대패를 겪고는 그다음 해인 223년 여름 4월, 63세의 나이로 세상을 떠났다. 《삼국지》의 저자 진수(陳壽, 233~297)가 남긴 그의 평은 날카롭다.

> 유비는 그릇이 크고 의지가 강했으며, 인정이 있었고, 인재를 알아보고 예우할 줄 알았다. 그는 한나라 고조와 같은 영웅적인 인물이었다. 자신의 나라와 권력을 제갈량에게 부탁하면서도 전혀 의심하지 않았던 일은 분명 고금을 통틀어 가장 훌륭한

모범 사례일 것이다. 다만 그는 재능과 지력에서 조조만 못했기 때문에 국력 역시 밀릴 수밖에 없었다.

그리고 227년 여름 5월, 삼국지의 영웅들과 동시대를 살았던 산상왕 또한 눈을 감았다. 그는 본능적인 정무적 판단을 통해 왕위에 오른 역전의 주인공이자 천도를 통해 역사에 자신의 이름을 남긴 것은 물론 스스로의 핏줄을 남겨야 한다는 강렬한 열망까지도 기어코 이루어 낸 인생의 행운아였다. 산상(山上)의 능(陵)에 장사 지내고 시호를 산상왕이라 하였다.

6

위나라와 오나라,
그 사이에서의
위태로운 외교

어렸을 적 교체(郊彘)라고 불렸던 고우위거(高憂位居)가 고구려의 제11대 태왕으로 등극하였다. 후에 동천왕(東川王)이라고 불리게 되는 그의 또 다른 별칭은 위궁(位宮)이었다. 공격적인 대외 확장 정책으로 중원을 떨게 만들었던 태조대왕 고궁(高宮)은 일설에는 출생 시 눈을 뜨고 태어났다는 말이 전할 정도로 영웅적인 면모를 타고난 인물이었는데, 동천왕 또한 마찬가지로 태어나면서부터 눈을 떴다고 할 만큼 사람들은 그가 증조부 태조대왕을 닮았다고 하여 별칭으로 '위궁'이라고 불렀다. 참고로 고구려 말로, 서로 닮은 것을 '위(位)'라고 한다. 동천왕도 용감하고 힘이 세었으며, 말을 잘 탔고, 활쏘기에도 능숙하였다.

육체적인 강함과 대비해서 성품은 오히려 관대하고 인자하였다. 왕후 우씨가 동천왕이 어렸을 적 그의 심성을 시험해 보고자 그가 나가 놀기를 기다렸다가 사람을 시켜 그가 타는 말의 갈

기를 자르게 하였다. 동천왕은 돌아와 말을 보고는 화를 내기는 커녕 측은하다는 듯이 "말이 갈기가 없으니 불쌍하구나."라고 할 따름이었다. 또 시종을 시켜 식사를 올릴 때 일부러 동천왕의 옷에 국을 엎지르게 해 보았으나 역시나 화를 내지 않았다. 그만큼 성격적인 측면에서도 완벽에 가까운 이가 바로 동천왕이었다. 처음에는 적대적이었던 왕후 우씨조차도 그런 동천왕을 정식 후계자로 인정할 수밖에 없었으니 말이다.

즉위 이듬해인 228년 봄 2월에 동천왕이 졸본에 가서 시조의 사당에 제사를 지내고 크게 사면하였다. 그리고 다음 달인 3월에 친모는 아니지만 아버지의 공식적인 왕후였던 우씨를 왕태후로 봉하였다. 처음 고국천왕의 왕후가 되었을 때 최소한 10대였다고 가정해 보자면, 그녀도 어느덧 60이 훌쩍 넘은 나이가 되어 있었다. 그로부터 6년 후인 234년 가을 9월, 태후 우씨는 다사다난했던 인생을 마감하였다. 태후가 숨이 끊어지려 할 때에 이와 같이 유언을 남겼다.

"내 무슨 면목으로 지하에서 국양왕(國壤王)을 뵙겠는가? 부디 나를 산상왕릉 옆에 장사 지내 주기 바라네."

국양왕이란 고국천왕의 당대 시호였다. 신하들이 유언대로 산상왕릉 가까운 곳에 장사를 지냈다. 나중에 무당이 신내림을 받아 자신의 무덤을 가려 달라고 했다는 고국천왕의 말을 전하였기에, 추가로 고국천왕의 능 앞에 소나무를 일곱 겹으로 심었다고 한다.

그 얼마 전인 230년 가을 7월에는 국상 고우루가 사망하였고,

후임으로 우태(于台) 명림어수(明臨於漱)를 국상으로 임명하였다. 성씨가 동일하고 마찬가지로 고위직을 역임한 것을 보면 신대왕 때의 명림답부의 후손이었을 것이다.

여기까지만 보면 고구려 사회는 상대적으로 평화로운 나날의 연속으로 보일 정도이다. 하지만 동 시간대에 중원과 이웃 나라 요동왕국의 사정은 그렇지 못했다. 오히려 그 반대라고 보는 편이 맞겠다. 여태껏 고구려가 그 영향을 받지 않은 것은 역설적으로 중원이 워낙에 혼란하여 고구려까지 그 여파가 미치지 못했다고 봄이 옳을 것이다. 하지만 언제까지나 고구려가 매머드급 태풍의 영향권에서 벗어나 있을 수만은 없었다. 그 순간은 이미 가까이 다가와 있었다.

잠시 시간을 돌려서 그 사이 가까운 요동왕국의 사정부터 되짚어 보도록 하자. 반역자 원상의 목을 베어 보내온 공로로 조조에게 점수를 땄던 공손강이 221년 사망한 후, 아들 공손황(公孫晃)과 공손연이 아직 어리다는 이유로 신하들이 공손강의 동생 공손공을 추대해 요동태수로 삼았다. 두 아들의 나이는 정확히 알 수는 없지만, 공손연이 쿠데타를 일으킬 때를 예컨대 스무 살 무렵이라고 본다면 이때는 겨우 10대 초반이었을 것이다. 어쨌거나 이 당시는 조조 역시 세상을 뜬 이후로 조비가 황제에 즉위한 지 얼마 되지 않은 시점이었다. 어차피 위나라의 세력권 안에 있지도 않은 존재였던 만큼 조비는 사신을 보내 공손공을 이름뿐이긴 하지만 어쨌든 거기장군(2품)으로 임명하고 평곽후(平郭

侯)로 봉했다.

다시 또 시간이 흘러 228년, 어느덧 장성한 **공손연**(公孫淵)이 병약하였던 작은아버지 공손공을 겁박하여 왕위를 빼앗았다. 엄밀히 보면 공손연보다는 형 공손황이 쿠데타를 일으킬 동인이 더 컸겠지만, 그 당시 공손황은 위나라의 수도에 체류하고 있던 상황이었다. 이는 곧 공손연이 형과 무관하게 단독으로 벌인 일이라는 말이 된다. 그사이 조비도 불과 마흔에 세상을 떠났고 아들 조예가 즉위해 있었는데, 이해 12월에 공손연에게 양렬장군(5품)과 요동태수를 제수했다. 마찬가지로 실질적인 영향력을 행사했다기보다는 명목상의 임명에 불과한 것이긴 했지만, 어쨌든 작은아버지 때 받았던 2품과 비교해서는 위나라 측에서도 이때는 소극적으로밖에 쿠데타를 인정하지 않았다는 뜻이 아니었을까 싶다.

그런데 상황은 의외의 방향으로 흘러가고 있었다. 동시에 저 멀리 중원 남쪽의 오나라에서도 이곳 동북방의 요동왕국까지 손을 뻗쳐 오고 있었던 것이다. 손권은 229년 4월에 스스로 황제의 자리에 오르고 나서는 다각도로 새로운 전략적 국면을 모색하기 시작하였는데, 때마침 여름 5월에 교위 장강(張剛)과 관독(管篤)을 사자로 요동에 파견하였다. 적국인 위나라 배후에 잘만 하면 우군을 확보하여 원교근공의 기회를 가질 수 있다는 기대감으로 접근을 하였던 것 같다. 다행히 요동왕국에서도 반응이 왔다.

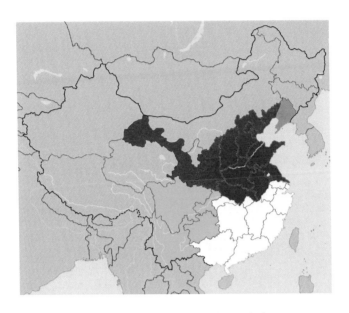

위·촉·오 세력도(우측 상단 끝이 요동왕국)

232년 겨울 10월, 공손연은 교위 숙서(宿舒)와 낭중령(郎中令) 손종(孫綜)을 보내 손권에게 복속을 희망하며 모피와 준마를 선물로 바쳤다. 위나라로부터 미운털이 박힌 상태에서 심지어 위나라의 군사 작전에 당하고 있던 상황이어서 공손연 입장에서도 달리 방도가 없었을 것이다. 손권은 자신의 계획이 통하였다는 생각에 매우 기뻐하며, 그에게 사지절(使持節) 독유주(督幽州) 영청주목(領青州牧) 그리고 요동태수 연왕(燕王)이라는 긴 작위를 내려 주었다. 실제로 공손연의 영토가 아닌 유주나 청주, 연 지역까지 임의로 이름 붙여서 준 허명이긴 하였으나, 손권의 기분이 얼마나 좋았었는지는 이 일로 미루어 짐작할 수 있다.

다음 해 봄 1월, 손권이 국내에 조서를 발표하였는데, 대략적인 내용은 이러했다.

요동태수 연왕은 오랫동안 위나라의 핍박을 받아 멀리 한쪽에 치우쳐 있어 비록 우리나라를 따르려고 해도 그 뜻을 전할 길이 없다가, 이번에 그곳 멀리서 사자 두 명을 보내왔다. 보내온 국서를 보니 그 굳건한 의지와 진심이 분명히 나타나 있으니, 그 기쁜 마음을 어디에 비교할 수 있겠는가. 천하통일은 이로부터 시작될 것이다.

3월에 공손연의 사신들을 요동으로 귀국시키면서, 태상 장미(張彌)와 집금오 허안(許晏) 그리고 장군 하달(賀達) 등을 사자로 임명하여 1만 명에 가까운 병사들로 호위하게 하고, 또 금과 보물 등 진귀한 선물들을 잔뜩 준비해서 배편으로 출발시켰다. 이에 대해 승상 고옹 이하 조정의 대신들이 모두 반대 의견을 개진하였는데, 다들 공손연이 아직 믿을 만한 위인인지 판단하기 어려운데 미리부터 신뢰를 하고 각별히 대우하는 것이 위험할 수 있다는 판단을 했기 때문이었다. 그들은 일부 관리와 병사 수백 명 정도로 구성해서 공손연의 사신들을 호위하여 보내는 것만으로도 충분하다고 여겼다. 하지만 손권은 위나라 배후에 자신의 안마당을 마련할 수 있다는 부분 마음에 반대 의견은 전혀 들으려 하지 않고, 끝내 고집을 부렸다.

손권

　대신들의 우려대로 그해 12월에 공손연은 손권의 사신으로 파견된 장미와 허안의 목을 베어 위나라로 보내고, 그들이 지니고 있던 무기와 물자를 모조리 빼앗았다. 난세 와중의 냉혹한 외교무대에서 비열함이란 전혀 문제 될 게 아니었고, 위나라 입장에서는 공은 공이었으므로 공손연을 대사마(大司馬) 낙랑공(樂浪公)으로 임명하였다.

　제대로 뒤통수를 맞게 된 손권은 체면을 잔뜩 구긴 채 말 그대로 진노하여 직접 공손연을 정벌하려고 하였으나, 상서복야 설종(薛綜) 등이 적극적으로 만류한 덕분에 겨우 마음을 돌릴 수 있었다.

여기까지만 진행되었다면 고구려는 관찰자로만 남을 수 있었을 텐데, 불똥은 의외의 곳에서 튀었다. 바로 공손연이 처단하였던 손권의 사신들 중 일부가 이웃 나라인 고구려로 긴급하게 피신을 온 것이었다. 앞서 오나라의 사신들이 처단당했을 때 이를 수행해 온 중간관리자급인 중사 진단(秦旦), 장군(張群), 두덕(杜德), 황강(黃彊) 등과 병사 60명은 요동군에서 약 80km 떨어져 있던 현도군에 보내졌다. 이들은 성안의 민가에 분산 배치되었는데, 사실상의 구금 조치였다. 그들은 그렇게 40여 일이나 갇혀 지내는 동안 현도군의 상황을 자세히 알게 되었다. 이 당시 현도 태수 왕찬(王贊)에게는 200가구와 400명이 채 안 되는 인력이 전부인 것을 보고는, 진단은 자신들이 잘만 하면 싸워 이길 수도 있겠다고 판단을 하였다.

"우리는 여기에 버려져 이미 죽은 목숨과 다를 바 없는 상황인데, 지금 이곳 현도군은 보니까 경비가 취약해서 만일 우리가 합심만 하면 성을 불태우고 관리들을 죽여 이 치욕을 갚을 수 있을 듯합니다. 그렇게만 된다면 나중에 죽임을 당하든 뭐든 아무런 여한이 없을 것 같습니다. 여기서 누가 구차하게 죄수로 오래 살고자 하겠습니까?"

그렇게 이들은 뜻을 모아 8월 19일 밤을 거사일로 정하였는데, 그날 낮에 현도군에 사는 장송(張松)이란 자가 이 사실을 알게 되어 신고하자 왕찬이 관리들을 성안으로 불러 모아 방비에 들어갔다. 이에 계획이 누설된 것을 알고는 오나라 사신들 모두 급하게 성벽을 넘어 도망쳤다.

이때 무리 중에 장군은 무릎에 악성 종기가 나서 일행을 따라갈 수가 없게 되자 두덕이 겨우겨우 부축해서 데리고 갔다. 그러나 산길이 너무 험하고 종기가 심해져서 더 이상 쫓아가는 것은 불가능했다. 장군이 풀숲에 누워 두덕과 함께 비통해하며 울었다.

"하필 이때 종기가 발목을 잡으니 억지로 따라가 봤자 모두 죽게 될 뿐입니다. 여러분들은 얼른 앞서가도록 하세요. 아직 어딘가가 도달할 수 있다는 희망은 있습니다. 서로 지키려고 헛된 노력을 하다가는 산속 골짜기에서 함께 죽게 될 뿐입니다."

"이역만리까지 와서 지금껏 생사를 같이해 왔는데, 이제 와서 놔두고 갈 수는 없습니다."

두덕이 비장한 어조로 이와 같이 말하고는 홀로 남아 장군을 지키기로 하였다. 진단과 황강은 어쩔 수 없이 계속 전진하는 쪽을 택했다.

그렇게 며칠이 지나 이들은 가까스로 고구려의 영토에 다다랐다. 진단이 고구려 정부의 주부(主簿)를 만나서는, 사실 처음에는 손권이 보낸 국서가 있었는데 도중에 국왕에게 드리려고 하였던 선물을 요동의 공손연에서 탈취당했다고 거짓으로 자초지종을 설명하였다. 이를 전해 들은 동천왕이 기뻐하는 내색을 하며, 부하들을 진단과 함께 보내 남겨져 있던 장군과 두덕까지 구해 오도록 하였다. 그리고는 고구려 측 관리인 조의(皂衣) 25명을 그들과 함께 오나라로 보내면서 국서와 함께 담비 모피(貂皮) 1천 매와 들꿩 가죽(鶡鷄皮) 10매를 선물로 전달토록 하였다. 이때 보낸 이들이 조의였으니 고구려 입장에서는 거의 하위급 관리들로 사절단을 구성하였던 거라 진단 등 오나라 사신들의 거짓말을 사실 대충 알아채고 있었던 것 같다.

어쨌거나 이들은 천신만고 끝에 고구려의 도움으로 오나라로 돌아갈 수 있었고, 손권을 만난 자리에서 기쁨을 감추지 못할 정도였다고 한다. 손권은 그들의 귀환을 크게 환영하면서 모두를 교위에 임명하였다. 그리고 다시 손권은 사신으로 사굉(謝宏)과 진순(陳恂)을 고구려로 보내와 동천왕을 선우(單于)로 책봉하고 의복과 진귀한 보물을 선물하도록 하였다. 선우는 보통은 흉노와 같은 북방 민족들의 지도자에 대한 호칭이어서, 오나라는 이 무렵 북방 지역에 대한 지식이 부족하여 아마도 고구려를 북방 민족의 한 일파로 생각하였던 것 같다.

어쨌든 이들 사신단이 고구려 땅이었던 안평구(安平口, 압록강 하류)에 도착해서는 먼저 교위 진봉(陳奉)을 보내 동천왕을 알현토록 하였다. 그런데 동천왕은 동시에 비밀리에 위나라 유주자사로부터 화친을 청하는 국서를 받고는 마음이 동하였는지, 오나라 사신에 대한 처리를 고민하였던 모양이다. 진봉이 돌아가는 분위기를 눈치 빠르게 알아채고는 급히 도착지로 되돌아갔다. 이에 동천왕이 주부 착자(窄咨)와 대고(帶固) 등 사절단 30여 명을 안평으로 보내 사굉을 만나 보게 하였는데, 사굉이 즉시 이들을 포박하였다. 결국 동천왕은 사과와 함께 말 100필로 사태를 무마하는 수밖에 없었다. 사굉이 이에 수긍하면서 착자와 대고 등을 돌려보내고 가져온 국서와 선물을 동천왕에게 최종적으로 전달하였다. 그리고 귀국할 때에는 사굉 일행이 타고 온 배가 작아서 어쩔 수 없이 말은 80마리만 싣고 돌아갔다.

이는 234년의 일이었는데, 정확히 이해는 위나라 입장에서는 촉나라의 제갈량이 생애 마지막으로 자국을 침범해와 사마의가 최후의 결전을 벌이던 때이자, 동시에 양면전으로 손권 또한 위나라를 측면에서 협공하고 있던 국가적으로 위기 상황인 시기였다. 한마디로 위나라로서는 고구려가 좋아서라기보다는 동시다발적으로 발생하고 있는 위협에 이어 혹여나 배후에서의 추가적인 리스크에까지 노출될 우려를 미연에 방지하기 위해 후방의 고구려와 한시적일지언정 평화 관계를 모색하였다고 봄이 옳은 해석일 것이다. 마찬가지로 오나라의 손권 역시 요동왕국의 공손연은 최종적으로 배신을 하여 버려진 카드가 되었지만, 우연찮게 손에 넣게 된 고구려라는 예상치 못하게 굴러들어온 카드가 생각보다 너무나도 매력적이어서 이 기회에 위나라를 배후에서 견제할 수 있는 조커로서 활용코자 연신 구애를 하게 된 셈이었다.

236년 봄 2월, 이번에는 손권이 사신 호위(胡衛)를 보내 정식으로 외교 관계를 열 것을 요청하였다. 속마음은 당장은 요동에 대한 보복 그리고 나아가서는 원교근공으로서 위나라 후방에 우군을 확실히 확보해 두자는 쪽이었을 것이다. 하지만 오나라로서는 불행히도 아직 동천왕이 그사이 자신의 노선을 정하였다는 사실을 미처 모르고 있었다. 동천왕은 호위를 억류하였다가 가을 7월에 목을 베어 위나라의 유주로 보냈다. 그의 컨택 포인트가 다름 아닌 유주, 곧 요동왕국 건너편의 위나라 국경 지역이었다는 사실에 주목을 해 보자.

이 당시 유주자사는 왕웅(王雄)이었고, 굳이 분류하자면 대외에 적극적 행동을 주창하는 매파에 해당되는 인물이었다. 바로 직전인 235년만 해도 선비족의 유능했던 리더 가비능(軻比能)을 암살로 제거하여 부락 간 내분을 조장함으로써 위나라의 변경을 안정시키는 데 주력하기도 하였고, 또 그 당시 위나라 입장에서 눈엣가시와도 같았던 요동왕국에 지속적으로 압박을 가하고 있었다. 최종적으로는 취소되기는 하였지만 실제로 232년에 한 차례 요동왕국 침공을 기획하였던 적도 있었다. 그는 고구려에 대해서도 동참을 요구하였었는데, 아마도 당근으로서 공동의 적이었던 요동왕국에 대한 모종의 공동 대응을 제안하였을지 않았을까 싶다. 그렇게 짐작하는 이유는 바로 다음에 자세히 언급하겠다.

고구려에서는 237년에 위나라에 사신을 파견해 새로운 연호를 도입한 것을 축하하였다. 이는 표면적인 이유였고, 배후에서는 어떠한 논의가 오고 갔던 것으로 보인다. 이 직후에 고구려는 여기서 한 걸음 더 깊이 들어가는 중요한 결정을 내린다.

7

사마의,
요동에
등장하다

위나라 태위 사마의가 공손연을 토벌할 때 동천왕이 주부와 대가에게 군사 수천 명을 배정하여 지원토록 하였다.

《삼국사기》에서는 이렇게 단 한 줄로 238년 사마의의 요동 공방전 당시 고구려의 참전 사실을 전하고 있다. 하지만 이 전쟁은 일개 작은 사건이 아니라 그 이후 고구려의 운영을 뒤흔들어 놓게 되는 결정적인 국면 전환의 시작점이었다. 안타깝게도 이외에는 사마의를 지원한 구체적인 동향들이 빠져 있고, 오로지 주인공 사마의를 중심으로 모든 상황 전개를 설명하고 있어서 이때의 고구려군의 활약상을 미루어 짐작하기도 어려운 실정이다. 선비족의 일파로 막호발(莫護跋)이라는 모용선비를 일으킨 인물도 이때 사마의군에 참전하였었으나, 그 또한 자세한 활동상은 전해지지 않는다. 역시나 역사에서 주체적으로 기록을 남기지 못한 측이 받게 되는 손해는 그만큼 클 수밖에 없다.

어쨌든 공손연은 별도로 오나라에 사자를 보내 손권과 연락을 취했다. 손권은 위나라 배후에 우군을 가질 수 있다는 기대감에 장미와 허안 등을 사자로 삼아 금과 옥 같은 진귀한 보물을 보내고, 공손연을 연왕(燕王)으로 옹립했다. 그런데 전략적 식견이 부족했던 공손연은 한편으로 생각해 보니 손권의 오나라는 너무 멀리 있어 위급 시 과연 도움을 받을 수 있을지 불신이 들었고, 또 동시에 개인적 욕심으로 재물이 탐이 나서 사자를 파견받은 다음 목을 베어 위나라로 보냈다. 역시 국가 간 외교에는 의리란 없고 실리만 있을 따름이라는 사실을 여실히 보여 주는 일화이다. 그 결과로 공손연은 조예로부터 대사마 및 낙랑공(樂浪公)이라는 호칭과 함께 요동군 태수의 지위를 보장받을 수 있었다.

여기까지는 그럴 수 있다 쳐도, 그의 결정적 실책은 위나라 사자가 도착한 다음에 있었다. 멀리 내다볼 줄 모르는 근시안에 생각조차 짧았던 공손연은 무장한 병사를 배치해 진을 만들어 두고, 그곳에서 사자를 만났다. 한마디로 위나라에 줄을 서기로 했으면 철저히 낮은 자세를 취했어야 함에도 곱게 자란 집안의 도련님처럼 콧대 높은 태도를 보인 셈이었다. 더군다나 여러 차례 손님들에게 막말을 서슴지 않았다고 하는데, 이런 대우를 처음 겪어 봤을 사자가 본국에 돌아가서 어떻게 보고하게 될지는 전혀 고려하지 않은 철부지의 한계였던 것 같다.

그리고 시간이 흘러 237년, 위나라 황제 조예는 공손언의 요동왕국 토벌이라는 계획을 세우면서 당시 형주자사로 있던 관구검을 유주자사(幽州刺史)로 임명하였다. 공식적으로는 그가 책략이 있어서 적임자라는 판단이었다는데, 정확히는 조예가 태자 때부터 그와 개인적으로 친한 사이였다는 게 더 크게 작용했을 것이다. 어쨌든 이때의 관구검의 출정 제안을 직접 들어 보자.

"폐하께서 즉위한 이래 큰 공을 세웠다고 할 만한 일이 아직 없었습니다. 지금 당장 오나라와 촉나라를 멸망시키는 것은 당연히 불가능하니, 한시적으로 이곳의 유휴병력을 동원하기만 하면 능히 요동을 평정할 수 있을 것입니다."

즉, 조예 치세에서의 군사적 성과가 아직 없다 보니 우선 쉬운 상대인 공손연부터 쳐서 공적을 세우자는 일차원적인 주장이었다. 심지어 본국의 대규모 병력을 동원하자는 등의 의사 결정 하기 힘든 상황을 적절히 피해서 유주의 군대만으로 이를 시행해 보겠다는 손쉬운 제안이었다. 이는 곧바로 내부에서의 반론에 직면했다. 이번에는 광록대부 위진(衛臻)의 말이다.

"관구검이 말한 것은 모두 아주 오래전 꼼수에 불과하며, 제왕이 생각할 만한 일은 못 됩니다. (중략) 공손연이 발해 건너편에서 3대에 걸쳐 자리에 올라 안팎으로 병력을 착실히 준비해 왔습니다. 그런데도 관구검은 일부 군사만으로 깊이 쳐들어가서 하루아침에 평정할 수 있다고 주장하는 것이니 그가 얼마나 망령된 소리를 하고 있는지 알 수 있겠습니다."

조예가 뜻을 굽히지 않고 관구검의 손을 들어 주었기에 실제 요동 침공은 결행될 수 있었지만, 결과는 용두사미로 끝나고 말았다. 관구검은 선비·오환의 지원군과 유주의 군대를 이끌고 요수현(遼隆縣, 오늘날 랴오닝성 하이청시 부근)까지 진출하여 그곳에 주둔하였다. 공손연도 마찬가지로 군대를 출동시켜 요수현에서 관구검의 군대와 교전했다. 당시 비가 10여 일 동안 내리고 요수가 갑자기 불어나 전황이 불리하자, 관구검은 우북평까지 퇴군하고 말았다.

이에 공손연은 자신감을 얻고 공식적으로 스스로 연왕(燕王)이라 일컫고, 연호도 새로 선포하고, 그에 맞추어 정부를 구성하고 관리를 임명하였다. 사자를 보내 선비의 선우에게 옥새를 주고는 선비족을 꾀어 위나라 북부를 침략토록 사주했다. 사실상 그간에도 오랜 기간 요동 지역에서 실질적인 왕으로 군림해 왔지만, 노골적으로 왕으로 선언한 것은 이때가 처음이었다. 오히려 위나라 입장에서는 성과도 없이 괜히 긁어 부스럼만 만들고 만 셈이었다.

하지만 더 이상 기고만장한 공손연을 봐 줄 수 없었던 위나라 조정에서는 238년 봄에 결국 히든카드를 내놓을 수밖에 없었다. 이제 60세가 된 태위 사마의를 보내 관구검 등을 통솔하여 공손연을 토벌하도록 한 것이다. 동북아시아의 패권 구도를 통째로 뒤흔들게 되는 그의 이력에 대해서 먼저 조금 더 자세히 살펴보고 이야기를 이어 가 보도록 하겠다.

사마의(司馬懿, 179~251)는 하내군(河內郡) 온현(溫縣) 출신이었는데, 그곳은 오늘날 중국 지도에서 보면 한마디로 중원에서도 한복판쯤 되는 중심지였다. 그의 선조는 고대 중국의 각 왕조를 거치며 대대로 관직을 이어받았는데, 고대의 주나라 때 사마(司馬)를 성으로 삼게 되었다고 한다. 한나라가 개국하였을 때부터 줄곧 이곳 하내군에서 집안 대대로 거주해 왔다. 사마의의 아버지는 경조윤 사마방(司馬防)이었고, 형 사마랑(司馬朗)과 동생 사마부(司馬孚) 등 총 8형제 중에 사마의는 차남이었다.

사마의

사마의는 어렸을 때부터 비범함과 총명한 두뇌와 원대한 목표가 있어서 유교를 중심으로 공부에 매진했는데, 그랬던 만큼 한나라 말기에 사회가 큰 혼란을 겪자 근본적으로 세상에 대한 깊은 고민을 하였던 것 같다. 순수한 청년으로서 한창 이상주의의 틀로 세상을 바라봤던 나이의 일이었을 것이다. 동향 출신의 남양태수 양준(楊俊)이 사람을 잘 알아보는 안목으로 나름 유명했는데, 당시 아직 미성년자에 불과했던 사마의를 보고는 뛰어난 인재라고 평했다는 사실이 전해진다. 뿐만 아니라 형 사마랑의 친구였던 청하(淸河) 출신의 상서 최염(崔琰)도 일찍이 사마의를 이렇게 평가하였다.

"자네 동생은 똑똑한데다 상황 판단도 잘하고, 강단도 있으면서 영특한 것이 보통 사람과는 비교할 바가 아니군."

201년 하내군에서 사마의를 추천했는데, 당시 원소를 관도대전에서 철저히 패배시키고 "하늘 아래 조조에게 대적할 자가 없었다"는 평가를 들을 만큼 중원의 실질적인 지배자가 되었던 조조가 그의 명성을 듣고는 조정으로 불러들이려고 하였다. 당시 조조는 47세, 사마의는 이제 막 23세였을 시점이었다. 이미 5년 전부터 형 사마랑이 조조 밑에서 일하고 있었는데 조조로서는 형보다 더 똑똑하다는 동생까지도 손에 넣고 싶었던 모양이다.

하지만 사마의는 스스로도 한나라가 그 수명이 다해 가고 있음을 느끼고 있었음에도, 권신이라고 여겨지는 조조에게까지 굳이 머리를 숙이고 싶은 마음은 들지 않았던지 병을 핑계 삼아 완곡히 고사하였다. 부드럽게 표현하긴 했어도 어쨌든 거절은 거절이었다. 조조로서는 자신의 젊었을 적 모습과 무척이나 닮았던 사마의의 반응을 보며 아마도 그의 속마음까지도 꿰뚫어 보았던 것 같다. 조정 내 최고 실권자로서의 권위도 있고 동시에 체면도 있고 한 그로서는 사실 확인을 위해 사람을 보내 밤에 몰래 사마의를 염탐하게 하였는데, 역시나 의심 많은 조조만큼이나 똑같이 어느 누구도 믿지 못하는 성향의 사마의는 그런 상황까지 염두에 두고는 일부러 한동안 누운 상태로 미동도 하지 않고 지내고 있었다.

이 당시 사마의는 물론 결혼한 상태였고, 장춘화(張春華)라는 이름의 아내가 있었는데, 사마의보다 열 살이 어렸지만 상당히 똑똑하고 지혜로운 여인이어서 사마의도 개인적으로 존중할 정도였다고 한다. 한참 후의 일이지만 그녀의 친아들 둘이 사마의의 뒤를 이어 위나라에서 정권을 잡고 나아가 친손자는 진나라의 초대 황제까지 된다. 사마의도 머리 좋기로 유명했지만 장춘화도 명석하기로는 누구에게 뒤지지 않았다.

어쨌든 한번 꽂히면 쉽게 마음을 접지 못하는 것이 또 조조의 성격이었다. 208년에 국가의 최고위직인 승상에 올랐을 때의 일인데, 다시 사마의를 승상부의 문학연(文學掾)으로 발탁하고자 할 때 따로 사람을 보내면서 미리 이렇게 언질해 두었다.

"만일 그가 또 무언가 핑계를 대면서 명을 받들지 않으면 투옥시키도록 하게."

사마의로서도 이젠 받아들이지 않을 수가 없겠구나 싶었다. 그렇게 29세의 사마의는 나름의 긴 은둔의 삶을 마치고 바깥세상으로 나와 정치무대에 올라섰다. 조조의 집착도 대단했지만 사마의의 적절한 상황 판단과 스스로 명분은 살리면서 실리까지 챙기는 수완도 상당했다. 그는 나중에 태자와 어울리면서 자연스럽게 승진에 승진을 거듭하였는데, 한때 정말 그렇게까지 관직에 나아가지 않으려고 애썼던 그가 맞는지 싶을 정도였다.

한편 조조는 사마의를 지속적으로 전장에 대동하고 다녔다. 215년 장로를 토벌할 때나, 216년 손권을 공격할 때나 언제나 조조의 곁에는 사마의가 있었다. 그리고 217년 사마의는 태자 조비를 수행하는 중서자(中庶子)가 되었고, 매번 중요한 의사 결정이 필요할 때 탁월한 의견을 내어 자연스럽게 태자의 신임을 얻었다.

사마의는 군사마(軍司馬)로 승진하여 업무를 보면서 조조에게 자신이 그간 정리해 온 생각을 밝혔다.

"지금 전국에 농사를 짓지 않는 인력이 20여만 명에 이르니, 이는 국가 경영에 있어 좋은 일은 아닙니다. 물론 아직 전쟁이 끝난 것은 아니라서 병역을 중단할 일은 아니지만, 한편에서는 생산 활동을 병행하며 국방을 다지는 것이 필요하겠습니다."

이는 곧 둔전(屯田)을 말하는 것인데, 원래 196년에 조조가 먼저 시행하였던 것으로, 그때는 유랑민들을 모아 국가 차원에서 조직화하여 중앙집중적 방식을 통해 생산을 총괄하는 민둔(民屯)의 방식이었다. 《자치통감》의 평가를 빌자면, 조조가 마침내 여러 군웅들을 제압할 수 있었던 것은 바로 양식 공급을 해결해 준 이 둔전제 덕분이었다. 이번 사마의의 아이디어는 민간의 노동력이 아닌 군대의 병력을 기반으로 당장 전쟁이 없는 기간 동안에는 유휴 병사들을 활용해 마찬가지로 생산에 투입한다는 것이었다. 이 제안은 곧바로 받아들여져서 이때 처음 군둔(軍屯)의 방식으로 양식의 직접 생산을 통해 국가의 재정을 충실하게 만들 수 있었다고 한다.

또 촉나라의 관우가 219년 침공해 와 우금(牛金)이 포로로 잡히고 조인(曹仁)도 패배하여 성안에 포위당해 있을 당시의 일이었다. 얼마나 이때 관우의 기세가 얼마나 강했었던지, 당시 표현으로 중원을 뒤흔들었다는 이야기가 전해질 정도였다. 이때의 한나라의 수도는 허창(許昌)이었는데, 조조로서는 그곳이 관우의 군대와 너무 가까워 심각하게 천도까지 고려할 수밖에 없던 상황이었다. 이때 사마의는 천도에 반대하는 입장이었다.

"우리 쪽이 당장은 국지전에서 패한 것은 맞지만, 냉정하게 판단해 보면 이번 방어전에서 사실 크게 잃었다고 할 만한 것은 딱히 없습니다. 그런데 이 정도에 쉽게 수도를 옮긴다고 하면 적들에게 우리가 약하다는 사실을 스스로 내보이는 셈이 될 테고, 그뿐 아니라 인근 지역들까지도 자칫 혼란을 야기할 수 있습니다. 손권이 유비와 겉으로는 가까워 보여도 실제로는 서로 견제하는 관계이기 때문에, 내심 그가 바라는 것은 결코 관우의 승리가 아닙니다. 고로 손권에게 관우의 후방을 급습하게 한다면 지금의 위기는 자연히 해결될 것입니다."

흔들리던 조조도 그의 의견에 설득되었다. 위나라의 협공 제안에 실제로 오나라도 호응하여 손권은 여몽을 파병하였고, 양쪽에서 관우를 공격하여 마침내 전장에서 목을 치는 데까지 성공하였다. 사마의의 냉철한 현황 분석과 정확한 상황 예측 그리고 효과적인 대안 제시까지 삼박자가 모두 빛을 발한 사례였다.

그다음 조조가 형주의 유민과 영천의 둔전에서 국경을 지키던 백성들이 남쪽의 오나라와 너무 가까이 있다고 여겨 이들을 모두 이전시키려고 하였는데, 사마의가 나서서 말렸다.

"그곳 백성들은 원래부터 다스리기 어려운데, 지금은 관우의 패배 이후 사태를 관망하고 있는 중입니다. 그런데 혹여나 지금 일반 백성들의 이전을 추진하신다면 그건 그들의 바람과 다를 뿐더러, 타 지역으로 도망가 있는 이들도 이 때문에 다시 돌아올 생각을 하지 않을 것입니다."

조조가 그 말이 타당하다고 여겨 의견을 따랐더니, 도망갔던 사람들이 모두 돌아와 다시 정착할 수 있었다.

하지만 그렇다고 그의 모든 의견이 다 채택된 것은 또 아니었다. 대표적으로 장로 토벌 직후 유비에 대한 추가 공격 제안은 조조에게 받아들여지지 않았었다. 사마의는 분명히 "인심이 유비에게 기울어지기 전에 하루빨리 익주로 진격해 유비가 손쓸 틈도 없이 몰아치면 크게 이길 수 있을 것"이라고 간언하였으나, 조조는 과도한 욕심이라고 생각해서 그대로 퇴각을 결정하였다. 그로 인해 나중에 조조가 애써 얻은 한중 땅을 다시 잃게 되고, 나아가 이를 기반으로 유비의 세력이 강성해지는 계기가 되었으니 사마의의 미래를 내다보는 식견이 아까울 따름이었다.

이렇듯 주로 사마의에게는 실권을 주기보다는 조력자로서의 활용에 좀 더 집중이 되어 있었다. 이 때문인지 조조가 사마의를 견제하였다고 보기도 하는데, 사실 그랬다고 하기에는 유력한 차기 대권주자일 수밖에 없었던 태자 조비에게 붙여 준 것을 보면 그렇게 판단하기에는 조금 섣부른 감이 없지 않다. 아직 그가 본심을 숨긴 끝없는 야망의 소유자인지, 억지로 끌려 나왔지만 청년 시절의 순수함을 아직 잃지 않고 세상의 안정을 위해 부단히 노력하였던 성실한 정치가였는지 판단하기도 이른 듯하다. 아마 자기 스스로도 자신의 미래를 명확히 그리지 못하고 있었을 개연성이 더 커 보이기 때문에 그렇다. 한나라의 전통적 질서 속에서 조조가 자신의 왕국을 건설하였던 그 방식대로 사마의 역시 위나라라는 울타리 안에서 제2의 조조의 길을 걷게 되는 것은 이로부터 무려 30년 후의 일이니까 말이다.

다음의 일을 알고 있으면 역으로 원래의 의도를 소급해서 인식하는 것은 인간의 자연스러운 생각하는 방식이다. 조조가 예지몽을 꾸고 사마의 집안의 쿠데타를 예견했다는 둥, 사마의가 낭고의 상이라고 하는 전형적인 배신자의 체형을 가지고 있었다는 둥 믿기 힘든 말들이 기록으로 전해지는 것을 보면 이는 분명 후대의 역사를 알고 있는 이들이 결과론적인 일을 바탕으로 과거를 꾸며 낸 것이라고밖에는 볼 수 없다. 특출난 인물이었던 조조도 사마의가 내뿜는 탁월한 재능을 본능적으로 느끼지 않을 수 없었고, 또 사마의로서도 의심 많고 눈치 빠른 조조가 자신과 같은 인재들을 언제 어떻게 지켜보고 감시하고 있는지 알았기에 끊임없이 조심하고 또 조심할 수밖에 없었다. 그렇게 12년의 세월을 함께하면서 사마의도 조조를 위해 온갖 노력을 다했고, 결국 어느 정도의 신뢰와 인정을 받았기에 조조도 사마의에게 태자의 곁을 내어 준 것이라고 보는 것이 타당할 것이다. 길다면 길고 짧다면 짧다고 할 수 있는 그 세월에도 어느새 마침표를 찍어야 하는 순간이 다가왔다.

220년 1월 23일, 조조는 낙양에서 66세의 나이로 눈을 감았다. 사마의도 이제 어느덧 42세의 원숙한 나이가 되어 있었다. 조조의 장례를 주관한 이가 바로 사마의였다. 그는 직접 영구를 들고 조조의 본거지였던 업(鄴)으로 돌아왔다.

사마의가 태자 때부터 모시던 조비가 위왕으로 즉위하였고, 자연히 사마의는 하진정후(河津亭侯)에 승상부의 장사(長史)가 되었다. 때마침 손권이 군대를 이끌고 서쪽으로 진군하였는데, 위나라 조정에서는 그 경로와 가까운 양양에 군량이 부족해 이곳에서는 오나라군을 막아 낼 수 없을 것이라는 의견이 다수였다. 당시 조인이 양양을 지키고 있었는데 그를 완(宛) 지역으로 소환하려고 하였다. 이제 사마의는 자신의 반대 의견을 피력했다.

"손권은 얼마 전 관우를 격파했고, 지금의 행동은 그가 직접 일을 마무리 짓겠다는 생각에서 벌이는 것이므로 분명 우리 쪽에 문제를 일으킬 리는 없습니다. 양양은 수륙 교통의 요지이자 군사적 요충지이므로 절대 포기해서는 안 됩니다."

하지만 그의 의견은 반영되지 못하였고, 이에 조인은 오나라군이 성을 다시 활용할 수 없도록 불태우고 퇴각하였는데, 결국 사마의의 예상대로 손권이 침범하지 않았기 때문에 조비는 이를 후회했다.

220년 10월 28일, 위나라가 한나라를 이어 제국으로 올라섰다. 기원전 202년 초대 황제 유방에 의해 세워진 후 전한과 후한 모두 합쳐 공식적으로 29명의 황제를 거쳐 이해에 마지막으로 호흡기를 뗀 것이니, 무려 400년에 달하는 그 긴 생명력이 이

때에 이르러서야 다한 것이었다. 이 역사적 순간을 사마의는 현장에서 목격하였다. 위대한 한 제국의 종말에 깊은 슬픔을 느꼈을지, 새로운 위나라의 새출발에 한껏 설레었을지, 혹은 이때의 상황을 열심히 두 눈에 담아 두고 언젠가 자신의 시간이 올 것을 남몰래 기대하였을지, 그가 그 순간을 목도하면서 어떤 생각을 가졌는지는 아쉽게도 오늘날의 우린 알 수 없다. 그렇게 그는 상서(尙書)로 임명되었고, 황제 조비의 전폭적인 신임 하에 꾸준히 승진 인사를 받았다.

조비

224년 조비가 남쪽으로 오나라와의 국경 지역을 방문하여 군대를 사열했을 때 사마의는 허창에 남아 수도를 지키는 역할을 담당하였다. 황제가 자리를 비웠을 때 일종의 대행 역할을 하였던 것이다. 뿐만 아니라 아직 5천 명밖에 되진 않았지만, 처음으로 자신이 직접 군대를 거느리는 기회도 가졌다. 조조 때에는 결코 주어지지 않았던 상황이었다. 사마의를 참모로밖에 활용하지 않았던 조조에 비해서 조비는 태자 시절부터의 신뢰가 있었기에 그의 군사적 능력까지도 믿어 주었던 것 같다. 계속해서 승진이 거듭되었기에 사마의도 어느 순간 고사하였는데, 조비는 자신의 믿음을 보여 주는 것으로 대응하였다.

"내가 온갖 일들 때문에 날로 밤을 새우며 조금도 쉴 틈이 없다오. 승진이란 게 영예로운 것이라기보다는 그저 나와 근심을 나누는 것이라고 생각해 주시오."

조비가 38세, 사마의는 46세 때의 일이었다. 어렸을 때부터 형뻘인 사마의를 얼마나 잘 따르고 의지하였는지를 보여 주는 좋은 사례일 듯하다.

마찬가지로 225년에도 조비는 수군을 동원하여 오나라를 정벌하러 가면서 사마의를 후방에 남아 지키게 하여, 안으로는 백성을 진무하고 밖으로는 군수 물자를 지원하도록 했다. 출발에 즈음하여 사마의에게 이렇게 자신의 생각을 밝혔다.

"후방의 일이 아무래도 걱정되어서 경에게 위임하는 것이니, 그렇게 내가 굳이 후방을 신경 쓰지 않을 수만 있다면 얼마나 안심이 되겠소."

뿐만 아니라, 조비가 광릉(廣陵)에서 수도 낙양으로 돌아왔을 때에도 사마의에게 이렇게 말했다.

"내가 동쪽으로 가면 그대는 서쪽을 총괄해 주고, 내가 서쪽에 있을 때는 그대가 동쪽을 맡아 주시오."

이리하여 사마의는 조비의 대행으로 허창에 남아 후방을 총괄하는 역할을 자연스럽게 도맡았다. 하지만 이 무렵 조비가 걱정해야 할 것은 사실 나랏일이 아니라 다름 아닌 바로 자기 자신이었어야 했다.

226년 여름 5월, 조비의 건강 상태가 갑자기 심각해져서 아들 조예(曹睿)를 급히 태자로 삼았다. 그리고 운명의 날인 5월 16일, 급히 호출받고 온 사마의는 조진, 진군, 조휴와 함께 조비의 유언을 받았다. 유서에서도 조비는 여전히 사마의에 대한 신뢰를 보여 주었다. 그리고 바로 다음 날에 그는 마흔의 젊은 나이에 너무도 일찍 세상을 떠났다. 같은 날 조예가 황제로 즉위하였고, 이때 사마의는 무양후(舞陽侯)에 봉해졌다.

자신이 친히 정치를 하고 싶어 하였던 조예는 파격적인 인사 발령을 내렸다. 227년 사마의를 완현(宛縣)으로 보내 형주(荊州)와 예주(豫州) 두 주의 군사권을 전부 위임하였던 것이다. 조조 때는 그림자처럼 그를 수행해야 했고, 조비 때는 그가 수도를 비울 때 대행의 역할이 맡겨졌다면, 이제 조예는 사마의에게 아예 직접적인 통제 범위 밖으로 날아갈 수 있도록 날개까지 달아 준 셈이었다. 실제로 사마의는 이 좋은 기회를 결코 그냥 흘려보낼 생각이 없었다. 그리고 직접적인 군사 지휘에 대한 그의 의지를 현실에서 발휘해 볼 수 있는 순간 또한 그리 오래 걸리지 않았다.

촉나라 출신의 장수 중에 맹달(孟達)이라는 이가 있었다. 그는 유장이 촉나라를 다스리던 시기에 그에게 합류하였다가 유비가 촉나라를 공략하자 재빠르게 항복하였는데, 이후 사마의의 계책으로 관우가 위기에 처하였던 219년에는 그를 모른 척했다가 유비의 눈 밖에 날 것을 고민하다가 당시 위나라의 조비에게 최종적으로 투항하였던 것이다. 그가 위나라로 넘어온 220년 당시 사마의는 맹달의 기회주의자적 속성을 간파하고는 결코 신뢰할 수 없는 위인이라고 여겨 누차 그의 위험성을 직언하였으나, 받아들여지지는 않았다. 오히려 조비는 그를 신성군(新城郡) 태수에 임명하였고, 후작의 작위를 내려 주는 등 아주 후대하였다.

그러던 맹달은 역시나 사마의가 예견했듯이 또 다른 배신을 준비하고 있었다. 이를 부추긴 것은 촉나라의 제갈량(諸葛亮)이었다. 이 시기의 제갈량은 여러 차례 밀서를 통해 맹달이 관우를 지원하지 않은 것이 전략적으로 옳았다는 파격적인 면죄부와 함께 그가 위나라로 피신할 수밖에 없었던 저간의 사정을 이해하고, 이제는 그 유비도 이 세상 사람이 아니니 자신이 맹달의 안전을 보장해 줄 수 있다는 설득의 내용을 전달하였다. 속마음으로는 제갈량도 이랬다저랬다 오락가락하는 맹달을 성격상 싫어하였던 것 같은데, 그럼에도 가뜩이나 인재와 병력이 부족하였던 촉나라를 맡고 있다 보니 오롯이 우군이라고만 볼 수 없었던 오나라 외에 위나라를 견제하기에 적당하였던 맹달과 그의 세력을 필요로 하였던 것이다.

제갈량

이 계략을 성사시키기 위해 제갈량은 몇 달간 지속적으로 공을 들이면서도 동시에 그 무렵 맹달과 사이가 안 좋았던 위흥(魏興)의 태수 신의(申儀)에게 맹달의 동향을 역정보로 흘리는 공작을 통해 맹달의 퇴로를 끊어 버리는 식으로 의사 결정을 앞당기는 묘수까지 썼다. 맹달로서는 자신의 음모가 누설된 것을 알게 되자 이제 되돌아갈 길은 완전히 막힌 셈이었으니 어쩔 수 없이 본격적인 거병에 착수하였다. 다만, 이미 마음을 먹긴 하였어도 그의 유일한 걱정은 다름 아닌 사마의라는 존재였다. 당초 맹달은 제갈량에게 이와 같은 서신을 보낸 적이 있었다.

"제가 거사를 준비한다는 소식을 듣고 보고하느라 왔다 갔다 하면 1개월이 걸릴 테고, 그 정도면 저도 충분히 방비를 마칠 수 있을 것입니다. 게다가 제가 있는 이곳은 궁벽지고 험한 곳이어서 군이 사마의쯤 되는 인물이 직접 공격해 오지는 않을 것 같습니다. 다른 장군들이 온다면야 전혀 걱정할 게 없고요."

이때까지는 아직 실전에서의 군사적 역량이 입증된 것은 아니었지만 워낙에 두뇌 회전이 좋기로 이름을 날리던 사마의였기에 맹달로서는 아무래도 그가 마음에 걸릴 수밖에 없었던 모양이다. 다행인 것은 맹달 생각에 자신의 거병 소식을 듣는 순간 사마의가 수도 낙양으로 보고를 올려야 할 테고, 조정에서의 의사 결정 후 군대를 파병하기까지는 그 거리의 왕복을 시간으로 계산해 보았을 때 1개월은 족히 걸릴 것으로 예상되었다는 점이다. 지금처럼 실시간 통신 기술이 발달되어 있지도 못했고 또 사안의 중요도에 따라 원격 보고 및 신속한 의사 결정이 쉽지 않았던 권위주의의 전통 사회라는 점을 우리는 감안해야 한다. 어쨌든 1개월이라면 토벌군에 대한 방어 준비도 충실히 해 둘 수 있을 테니 거리가 곧 자신의 무기라는 생각을 맹달은 하였던 것 같다.

상용(맹달) ── 완(사마의) ── 수도 낙양(조비)
        500km   300km

하지만 이 소식은 거의 실시간에 준하는 속도로 수도 낙양까지 알려졌고 또한 동시에 완 지역에 주둔하고 있던 사마의도 그 사실을 접하였다. 제갈량이 맹달을 압박하기 위해 흘린 역정보가 이때는 거꾸로 독으로 작용하였던 셈이다. 사마의는 당장 두 아들, 사마사와 사마소를 불러 출진 준비를 명하였다. 처음에는 사마사가 사태의 추이를 지켜보고 판단하자는 지극히 상식적인 제안을 하였지만, 사마의는 오히려 맹달이 망설이고 있는 상황이라고 하면 결정은 빠르면 빠를수록 좋다고 하면서, 심지어 조정으로 보낸 보고서에 대한 회신도 기다리지 않고 즉시 출병하는 쪽을 택했다. 맹달 그리고 제갈량조차 두려워했을 만큼 역시나 정확한 정세 판단과 신속한 행동이었다.

그걸로 끝이 아니었다. 사마의는 동시에 맹달을 대상으로 심리전까지 준비해 두었다. 그가 맹달에게 보낸 친서는 이러했다.

"장군께서 과거에 유비를 떠나 우리나라에게 투신했을 때 정부에서 촉나라에 대한 국방의 중임을 장군에게 위임한 것은 그만큼 장군을 신뢰하고 있기 때문이라는 것이오. 거꾸로 지금 촉나라 사람이라면 누구나 장군에게 악감정을 품고 있다는 것은 누구나 알고 있는 사실인데, 제갈량이 이간질로 이익을 보려 하는 모양이지만 이 또한 효과 없는 짓일 뿐 아니겠소. 혹여나 촉나라와의 밀약이 있었다 하면 제갈량이 그런 중대사를 어찌 가볍게 흘렸겠소이까. 말도 안 되는 일이오."

맹달은 이 서신을 받고는 기뻐하였다고 하는데, 단순하게 그 내용을 믿어서 그랬다고 하기에는 너무나도 초보적인 수준이어서 여기서는 해석에 유의해야 한다. 오히려 맹달 입장에서는 사마의가 이 편지를 통해 자신을 마치 믿어 준다는 식의 메시지를 전하면서 그 역시 시간을 벌려고 한다는 뉘앙스를 풍긴 것에 크게 안심을 하게 된 것이라고 봄이 타당하다. 자신에게 가장 필요한 게 바로 시간이었던 것처럼, 사마의 또한 중앙정부에 대한 보고부터 의사 결정 및 파병 준비까지 충분한 시간이 필요하기에 친서를 통해 맹달 자신에게 시간을 벌어 두려고 머리를 굴리고 있구나 하도록 느끼게 만드는 것이 사실 사마의의 작전이었던 것이다. 그 의도대로 맹달은 급히 서둘러야 한다는 불안감을 어느 정도 내려놓을 수가 있었다.

그런데 불과 며칠 지나지 않아 사마의의 군대가 갑자기 맹달의 눈앞에 등장하였다. 반란 소식이 처음 알려진 시점으로부터 계산해도 겨우 8일 만의 일이었다. 이 놀라운 상황에 맹달이 얼마나 기겁했을지는 이때의 상황을 직접 본 게 아님에도 느껴질 정도이다. 이렇게 빠른 진격 속도를 가능토록 하기 위해 사마의는 말을 여러 필씩 준비시켜 지친 말은 버리고 새 말로 갈아타는 식으로 밤낮없이 말을 달렸다고 한다.

사마의는 도중에 차남 사마소에게 8천 명의 병력으로 제갈량의 지원군을 한수(漢水)에서 저지하도록 하였는데, 실제로 이때 제갈량은 양의(楊儀)에게 2만 명의 군대를 맹달 측에 파병하였었다. 이들은 사마소의 선발 부대는 운 좋게 격파하였지만 본진과 전투가 벌어졌을 때에는 결국 저지당하여 본국으로 철수할 수밖에 없었다.

맹달이 있던 신성은 3면이 물로 막혀 있는 구조였고, 성 밖에 추가로 목책을 설치하려는 계획이 원래 있었지만 방심하고 있다가 미처 완성하지 못한 상태로 사마의의 토벌군을 맞이하게 된 것이었다. 원래 맹달은 사마의보다 병력은 1/4 수준으로 적었지만, 대신 군량이 풍부해서 1년은 족히 버틸 정도는 되었다고 한다. 다만 그렇게 1년을 버터 줄 수 있는 방어 시설의 완비가 필요했던 것인데, 이때의 방심이 그에게 독이 된 셈이었다.

사마의는 도착하자마자 쉬지도 않고 곧바로 공성전에 착수하였다. 신성의 수로를 건너 목책을 파괴하고 곧바로 성 아래에까지 이르렀다. 병력을 여덟 부대로 나누어 성을 공격하니 16일 만에 맹공을 견디지 못한 맹달의 생질 등현(鄧賢), 장수 이보(李輔) 등이 성문을 열고 투항했다. 사마의는 맹달을 처단하고 수급을 수도 낙양으로 보냈다. 1만여 명을 포로로 붙잡아 군사를 거두어 완으로 돌아왔다. 또 맹달을 따르던 7천여 가를 유주(幽州)로 이주시켰다. 촉장 요정(姚靜), 정타(鄭他) 등이 부하 7천여 명을 이끌고 투항했다.

당초 맹달과 앙숙이었던 신의는 오랫동안 위홍에 주둔하면서 변경에서 위세를 부리면서 제멋대로 행동하였다. 그러던 중 맹달이 피살된 이후 자신도 혹여나 그렇게 되는 건 아닌지 의심을 하기 시작했다. 당시 각 군을 지키는 신하들은 사마의가 막 승리를 했다는 소식을 듣고 분분히 예물을 보내 축하를 했는데, 모두 받아들였다. 사마의는 신의를 축하연에 초대한다는 명목으로 불렀는데 막상 신의가 오자 그의 잘못을 밝히고는 포박하여 수도로 압송했다.

이 모든 조치가 마무리된 것은 228년 1월의 일이었다. 전후 처리까지 대략 마무리한 다음 사마의는 완(宛) 지역에 주둔하도록 명을 받았고, 얼마 후 대장군으로 승진하였다. 그리고 드디어 삼국지 양대 천재의 대결이 임박해 왔다.

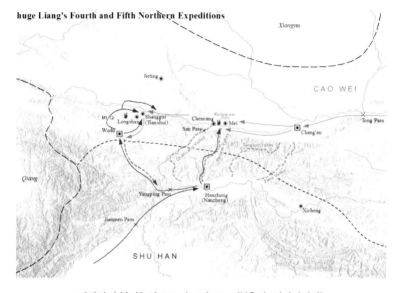

제갈량의 북벌(4차-231년, 5차-234년)(출처: 위키피디아)

해가 또 바뀌어 231년 제갈량이 천수(天水, Tianshui)를 침공하여 장군 가사(賈嗣), 위평(魏平)을 기산(祁山, Mt Qi)에서 포위했다. 위나라 황제가 사마의에게 이와 같이 말했다.

"서쪽에 일이 생겼는데, 그대가 아니면 맡을 사람이 없겠소."

이에 서쪽 장안(Chang'an)에 주둔하며 옹주(雍州)와 양주(涼州)의 군사 업무를 관할하게 하고, 거기장군(車騎將軍) 장합(張郃), 후장군(後將軍) 비요(費曜), 정촉호군(征蜀護軍) 대릉(戴淩), 옹주자사(雍州刺史) 곽회(郭淮) 등을 이끌고 제갈량을 토벌하게 했다.

제갈량은 대군이 곧 도착한다는 이야기를 듣고 친히 병사를 거느리고 상규(上邽, Shanggui)의 보리를 수확하려고 했다. 여러 장수들이 두려워하자 사마의가 말했다.

"제갈량은 생각은 많지만 결단을 잘 못하니 반드시 영채를 세워 견고하게 한 연후에 보리를 벨 것이다. 우리에게는 이틀의 시간이 있으니 밤낮으로 쉬지 않고 달리면 충분하다."

이리하여 가벼운 무장만으로 밤낮없이 행군하자 제갈량은 먼지가 이는 것을 보고 위군의 접근을 눈치채고는 어쩔 수 없이 물러났다. 사마의가 말했다.

"우리는 밤낮을 쉬지 않고 달려오느라 지쳐 있을 수밖에 없는데, 이는 군사에 밝은 자라면 당연히 노리기 좋은 우리의 취약점이다. 하지만 제갈량은 아직 위수(渭水)를 점거하지 못했으니 우리 쪽에서 대응하기에 유리한 셈이다."

이어 한양(漢陽)으로 나가 주둔하고 제갈량과 마주치자 사마의는 진을 갖추고 촉군과 싸움을 벌였다. 장군 우금을 경기병과 함께 보내 촉군을 유인하여 한 차례 교전하고 제갈량이 퇴각하자 기산까지 추격했다. 제갈량이 노성(鹵城)에 주둔하여 남북 두 개의 산을 점거하고, 수원을 끊고 겹겹이 포위했다. 사마의가 포위망을 공격하여 돌파하자 제갈량은 밤을 이용해 도망갔다. 다시 그를 추격하여 격파하고 포로와 참한 사람이 1만여 명에 달했다. 천자가 사자를 보내 군을 위로하고 봉읍을 더해 주었다.

당시 군사였던 두습(杜襲), 독군 설제(薛悌)가 내년에 보리가 익으면 제갈량이 반드시 침범할 것이고, 농서(隴西)에 식량이 없으니 겨울에 미리 운송하자고 말했다. 사마의가 말했다.

"제갈량이 다시 기산을 나오면 진창(陳倉, Chencang)을 공격할 것이고, 막히면 돌아갈 것이다. 설령 그가 이후 다시 나온다고 해도 성을 공격하지는 않고 야전을 택할 것이므로 반드시 농동(隴東)에 있지 농서에 있지 않을 것이다. 제갈량은 항상 식량이 부족한 것을 한으로 여겼기 때문에 돌아가서는 분명 식량을 모을 것이니, 내 예측으로는 3년 동안은 움직이지 않을 것이다."

이리하여 기주(冀州)의 농부들을 상규(上邽)로 옮길 것을 상주하고 경조(京兆), 천수(天水), 남안(南安)의 감독과 관리를 강화했다.

실제로 3년 후인 234년, 제갈량이 다시 10여만 군을 이끌고 야곡(斜谷)을 나와 미(郿, Mei) 지역의 위수 남쪽 평원에 보루를 설치했다. 위 황제가 이를 걱정하여 정촉호군(征蜀護軍) 진랑(秦朗)과 보병과 기병 2만을 파견하여 사마의의 지휘를 받게 했다. 여러 장수들이 위수 북쪽에서 싸우려고 하자 사마의가 말했다.

"백성들이 모두 위수 남쪽에 모여 살고 있으니, 이곳이 반드시 싸워야 할 곳이다."

이리하여 군대를 이끌고 강을 건너 강을 등지고 보루를 설치했다. 그리고 이어 말했다.

"제갈량이 만약 용감하다면 분명 무공(武功)에서 출발하여 산을 끼고 동쪽으로 진군할 것이지만, 만약 서쪽 오장원(五丈原, Wuzhangyuan)에서 올라온다면 우리 군사들은 평온할 수 있을 것이다."

제갈량이 과연 평원으로 올라와 북쪽에서 위수를 건널 준비를 하자 사마의는 장수 주당(周當)을 보내 양수(陽遂)에 진을 치고 촉군을 유인했다. 하지만 며칠간 제갈량은 움직이지 않았다. 사마의가 말했다.

"제갈량이 평원에서 싸우려 하고 양수로 가지 않은 의도를 알겠구나."

장수 호준(胡遵), 옹주자사 곽회를 보내 함께 양수를 지키게 하고는 제갈량과는 적석(積石)에서 대치하였다. 평원에 이르러 싸웠으나 제갈량은 나아가지 못하고 다시 오장원으로 돌아왔다. 혜성이 제갈량의 영내에 떨어지자 사마의는 제갈량이 분명 실패할 것임을 알고는 기병(奇兵)을 보내 제갈량의 후방을 견제하여 5백여 명을 베고 1천여 명을 사로잡고 투항한 자도 6백여 명에 이르렀다.

당시 조정에서는 제갈량이 먼 곳에서 온 원정군이어서 속전속결이 유리하기 때문에 매번 사마의로 하여금 신중하게 그 변화를 기다릴 것을 명했다. 제갈량이 여러 차례 도전했지만 사마의가 대응해 싸움에 나서지 않자, 제갈량이 그런 사마의를 도발해보고자 놀리는 의미에서 여자 옷을 보내왔다. 이에 사마의가 격노하는 모습을 보이며 결전을 청하는 표를 조정에 올렸으나, 위 황제가 허가하지 않고 강직한 신하인 위위(衛尉) 신비(辛毗)를 파견하여 사마의의 행동을 제지했다. 후에 제갈량이 다시 싸움을 걸어오자 사마의가 나가 싸우려 했으나, 신비가 손에 황제의 부절을 들고 군문에 서서 막자 사마의는 멈춰 설 수밖에 없었다.

하염없이 흘러가는 시간은 자기 편이 아니었던 처지인지라 마음이 답답할 수밖에 없던 제갈량은 어느 날 강유(姜維)에게 이렇게 하소연하기도 했다.

"그는 본래부터 싸울 마음이 없었던 거네. 그가 단호하게 싸움을 청한 까닭은 병사들 앞에서 그의 무위를 보여 주려고 한 것일 뿐이지, 장수가 군중에 있으면 임금의 명이 있어도 받지 않는 법인데, 정말로 나와 싸우려고 한다면 어찌 멀리 떨어진 곳에 가서 싸울지 여부를 묻겠는가?"

동생 사마부가 군사에 관한 일을 묻는 서신을 보내자, 사마의는 답신에 이렇게 썼다.

"제갈량은 품은 뜻은 클지 몰라도 기회를 볼 줄 모르고, 머릿속에 계획은 많을지언정 결단은 쉽게 내리지 못하며, 용병을 좋아하는 것 같아도 사실 임기응변이 부족하기에, 비록 지금 10만의 군사를 거느리고 있을지라도 이미 내 전략 안에 들어와 있을 뿐이니 걱정할 것은 없다."

이렇게 제갈량과 100여 일을 대치하다 때마침 제갈량의 생명이 다하자 촉의 장수들이 군영에 불을 지르고 몰래 도망쳤다. 백성들이 달려와 상황을 알려 오자, 사마의는 곧바로 그들을 추격했다. 달아나던 제갈량의 장사(長史) 양의(楊儀)가 급히 방향을 돌려 사마의군과 대결하려 했지만, 사마의가 궁지에 몰린 적은 끝까지 몰아붙여선 안 된다고 한 덕분에 양의는 겨우 퇴각할 수 있었다. 며칠이 지나 사마의가 제갈량의 군영에 이르러 남은 물건들을 살피고, 많은 서류들과 군량을 노획했다. 이에 사마의는 제갈량의 죽음을 확신할 수 있었다. 신비는 아직 그의 죽음을 직접 확인한 것은 아니지 않느냐고 했지만 사마의는 생각이 달랐다.

"군에서 가장 중히 여기는 것은 군사 문서와 보급품인데 이렇게 모두 버려 두고 떠났는데, 비유하자면 오장육부 없이 살 수 있는 사람이 있을 수 있겠소? 지금 곧바로 추격해야 하오."

그럼에도 혹여나 만전을 기하면서 출발을 하였는데, 실제로 적안(赤岸)까지 추격하니 제갈량이 죽었다는 소식이 확실해졌다.

일설에는 사마의가 적극적으로 나섰으면 제갈량의 촉군을 섬멸할 수 있었음에도 오히려 소극적 대응으로 방치하다시피 한 것은 본인의 국내에서의 지위를 안정적으로 유지하고자 하였던 정치적 판단 때문이라는 분석도 있다. 소위 토사구팽(兎死狗烹)의 상황을 대비하였다는 것인데, 외부에 막강한 적이 있을 때에는 유능한 군사지휘관으로서의 자신의 쓸모가 있게 되지만, 그 적이 사라졌을 때에는 자연히 병권을 잃고 일개 자연인으로서 내부의 정치적 공격에 무방비가 될 수밖에 없었을 것이라는 추정에 기반한 가설이다. 제법 타당성 있는 논리이긴 하나, 안타깝게도 그의 속내를 들여다볼 방도도 없고, 또 이를 입증할 만한 직접적 증거는 없기에 하나의 가능한 시나리오로 이해할 수 있을 것 같다.

여담이지만, 이전에 제갈량이 사자를 보낸 적이 있었는데, 이때 사마의가 그에게 물어본 적이 있었다.

"제갈공의 생활은 어떠하고, 식사는 얼마나 드시는가?"

소식을 한다는 답변을 듣고는, 이어서 정사를 처리하는 방법을 물었더니 이와 같이 답을 받았다.

"곤장 20대 이상의 형벌은 모두 직접 처리하십니다."

이에 사마의는 주위 사람들에게 이렇게 말했다.

"제갈공명이 그러고도 어찌 오래 살 수 있겠는가?"

결국 그의 예견대로 역사는 흘러가고 말았다. 건강을 제대로 챙기지 못한 제갈량이 천수를 누리지 못하고 세상을 뜨게 되자, 그의 부장 양의와 위연(魏延)이 서로 차기 권력을 다투게 되면서 양의가 위연을 죽이는 등 나라 내에서 커다란 소란이 일어난 것이다. 사마의는 이 기회를 틈타 촉나라로 진군하려 했으나, 여러 상황으로 인해 그만둘 수밖에 없었다.

그럼 다시 사마의가 공손연 토벌전을 개시하기 이전 상황으로 돌아가 보도록 하자.

제갈량 사후 3년이 지난 시점인 237년 가을 7월 2일, 위나라 황제 조예는 관구검에게 요동으로 출병하였던 군대를 철수하도록 명하였다. 앞서 위나라 측에서는 유주자사 관구검을 파견하여 여러 군대 및 선비, 오환의 군사를 통솔하여 요동 남쪽 경계에 주둔하도록 하고, 한편으로는 국서를 보내 공손연을 불렀다. 하지만 공손연이 군사 행동으로 대응해 오자, 관구검은 진군하여 이들을 정벌코자 하였다. 때마침 열흘간 비가 계속 내려 요수(遼水)가 크게 불어났으므로 더 이상 군사 작전의 속행은 어렵다고 판단하여 결국 철군하게 한 것이었다. 이때 우북평군 오환 선우 구루돈(寇婁敦), 요서의 오환도독(烏丸都督) 호류(護留) 등과 과거에 원상을 따라 요동으로 도망쳤던 이들 5천여 명이 관구검을 찾아와 귀순한 것이 그나마 소득이라면 소득이었다. 이들의 합류로 인해 나비효과처럼 고구려가 피해를 입게 되는 것은 나중 일이지만 말이다.

7월 26일, 공손연은 관구검이 돌아가자 스스로 연왕(燕王)이라 일컫고 모든 관직을 설치했으며, 연호를 제정하였다. 이는 단순히 외교관계를 끊는 정도가 아니라 위나라로부터의 완전화 독립과 함께 독자적인 세력화를 선언한 것과 마찬가지였다.

모든 동향을 예의주시하고 있던 조예는 청주, 연주, 유주, 기주 네 주에 조서를 내려 해선(海船) 곧 해양용 선박을 대규모로 만들도록 했다. 육로를 통한 직접 공격뿐만 아니라 해로까지 이용하는 종합적인 요동왕국 공략을 준비하기 시작한 것이다.

요동태수 공손연을 치기로 하고는 황제가 사마의를 수도로 불러들여 이렇게 말하였다.

"애초 그대를 수고롭게 하지 않으려 했으나, 이번 일은 반드시 이겨야 하는 것이기 때문에 그대를 임명하는 것이오. 그대는 그가 어떤 계책을 갖고 있을 것으로 생각하시오?"

"성을 버리고 먼저 도망치는 것이 상책입니다. 요수를 점거하고 대군으로 가로막는 것이 중책입니다. 앉아서 양평을 지키면 반드시 사로잡히게 될 것입니다."

"그렇다면 그는 어떤 계책으로 나올까요?"

"현명한 사람만이 상대방과 자기 자신을 깊이 파악할 수 있을 것입니다. 상책은 그가 선택할 수 있는 바가 아닙니다. 지금 멀리 떨어져 원정을 하는 셈인 우리 군이 지구전을 할 수 없다고 예상하고 분명 먼저 요수를 점거하고 지키려 할 것인데, 이는 중하책일 뿐입니다."

"갔다가 돌아오려면 얼마나 걸릴 것 같소?"

"가는 데 100일, 돌아오는 데 100일, 공격하는 데 100일 그리고 60일은 휴식하는 데 쓰면 1년이면 충분할 것입니다."

당시 위나라 조정에서는 대규모로 궁실을 짓고 있었다. 여기에 군대를 편성하는 것이 더해지니 민중의 삶이 피폐해질 수밖에 없었다. 사마의는 군대를 편성하면서 이와 같이 보고하였다.

"지금 궁실이 아직 갖추어지지 않은 것은 신의 책임입니다만, 황하 북쪽의 백성들이 곤궁하고 온갖 노역에 시달리고 있으니 동시에 일을 추진할 수 있는 여건이 되지 못합니다. 부득이 궁전을 짓는 일은 잠시 미루시고 시급한 일부터 먼저 해결하는 게 어떨까 싶습니다."

이렇게 최종적으로 요동 원정이 결행되었다. 238년 봄 1월, 황제는 조서를 내려 태위 사마의에게 군대를 통솔하여 요동을 공격하게 했다. 우금과 호준 등 장수들과 보병·기병 총 4만 명을 거느리고 수도에서 출발했다.

그리고 진군하여 고죽(孤竹)을 지나 갈석(碣石)을 넘어 6월에 요수(遼水)에 진을 쳤다. 공손연은 장군 비연(卑衍)과 양조(楊祚) 등과 함께 보병과 기병 수만을 파견하여 요수현을 방어의 중심으로 하고 참호를 구축하는 등 대략 10km의 전선에 걸쳐 사마의군에 대비하였다. 관구검의 참공 당시와 마찬가지 상황이었다. 공손연으로서는 그때나 지금이나 동일한 전략으로 사마의를 상대하고자 하였던 것이다. 문제는 이때의 공손연은 여전히 공손연이었지만, 사마의는 그때의 관구검이 아니라는 점이었다.

처음에 사마의는 군대에 명하여 주위에 참호를 파도록 하였다. 이에 여러 부하 장수들이 사마의에게 진언하였다.

"적군을 공격하지 않고 포위망만 구축하는 것은 병사들에게 보여 줄 좋은 방법이 아닙니다."

하지만 그의 머릿속에는 이미 작전이 세워져 있었다.

"적들이 영채를 견고히 하고 보루를 높이는 것은 우리 병사들을 피로하게 하려는 것이다. 그들을 공격하면 그 계책에 당하는 것이다. 옛말에 '적이 비록 성벽을 높이 쌓고 보루를 견고히 해도 어쩔 수 없이 우리와 싸우게 되는 것은 그들이 반드시 구해야할 곳을 우리가 공격하기 때문이다'라고 했다. 적의 대군이 이곳에 모여 있으니 그들의 본거지는 비어 있을 것이다. 우리가 곧바로 양평을 공격하면 적들의 마음속에 두려움이 생길 것이고, 그들이 두려움을 품고 전투에 나선다면 반드시 패배할 것이다."

그렇게 요수를 따라 긴 포위망을 구축한 다음 중무장한 병사를 내보내어 공손연의 정예군을 전장으로 유도해 냈다. 처음에는 남쪽 방향으로 진군시키는 척하다가 적군을 내버려 두고 갑자기 방향을 돌려 대군을 북쪽으로 이동시켜 요동왕국의 중심지인 양평 즉 요동성을 향해 달려갔다.

갑작스러운 사마의군의 행군에 허를 찔린 비연 등은 양평이 무방비 상태로 있음을 걱정하고는 밤중에 철군하였다. 사마의의 군대는 양평에서 서남쪽 7.5km 거리의 수산(首山)까지 진격하였는데, 해발 3백 미터의 높지 않은 산이었지만 평지에 위치해 있던 요동성을 내려다보며 공격할 수 있는 요지였기에 이를 거점으로 삼은 것이었다. 공손연은 또 비연 등을 보내어 위나라 군사와 사력을 다해 싸웠다. 사마의는 다시 공격해 비연을 크게 무찌르고, 성 아래까지 진군하여 주위에 참호를 팠다.

요수현(좌측 하단)과 양평(우측 상단)

때마침 연일 큰비가 내려 평지가 거의 1m나 물로 덮이자, 삼군의 장사들이 두려워 군영을 옮기고자 했다. 사마의는 군중에 영을 내려 감히 옮기는 자는 참하겠다고 공지하였다. 도독 영사(令史) 장정(張靜)이 영을 어기자 그를 참하였고, 이를 본 군중은 곧 차분해졌다. 적들은 물을 믿고 땔감을 베고 방목하는 등 태연하게 있었다. 여러 장수들이 그들을 붙잡으려고 했으나 사마의는 허락하지 않았다. 궁금해진 사마 진규(陳珪)가 예전의 사례를 언급하며 사마의의 의중을 떠보았다.

"이전에 맹달을 공격할 때는 전군이 동시에 밤낮으로 진군하여 5~6일 만에 견고하게 지키던 성을 함락시키고 그를 처단할 수 있었습니다. 그런데 지금은 멀리서 와 오히려 편안하고 느긋하게 있으니, 부족한 저는 잘 모르겠습니다."

그런 질문은 이미 예상하고 있었다는 듯 사마의의 답변은 이와 같았다.

"맹달은 병사는 적으나 군량은 1년을 버틸 수 있었고, 우리 쪽 병사는 맹달의 네 배에 이르렀지만 식량은 1개월치밖에 없었다. 1개월을 버틸 수 있는 병력으로 1년을 버틸 수 있는 병력을 상대해야 하는데, 어찌 속전속결하지 않을 수 있겠느냐? 4로써 1과 싸우는데, 설령 절반을 잃는다 해도 당연히 그리 해야 하는 것이다. 이처럼 사상자가 얼마인지를 고려하지 않은 까닭은 식량과 경쟁해야 했기 때문이다. 지금 적은 많고 우리는 적지만, 적은 굶주리고 우리는 배부르다. 그런데 비도 이렇게 내리니 즉각 성과를 낼 방도도 없다. 비록 속도를 내서 진행한다고 뭘 더 할 수 있겠는가? 수도에서 출발한 이래 나는 줄곧 적군이 공격하는 것을 걱정한 것이 아니라 적군이 도망가는 것을 걱정해 왔다. 이제 곧 적군의 보급은 떨어질 텐데, 아직 포위가 완성되지 않았는데도 그들의 보급품을 약탈하는 것은 그들을 멀리 달아나게 만들 뿐이다. 전쟁이란 그 속성상 기만이 필수적이고 또 상황에 따라

임기응변을 잘해야 하는 법이다. 적병은 사람이 많고 큰비에 의지하여 비록 배고프고 피곤해도 아직 항복하지 않고 있으니, 우리가 응당 할 일은 그들을 속여 안심시키는 것이다. 작은 이익에 빠져 저들을 달아나게 하는 것은 좋은 계책이 아니다."

불행 중 다행인 것은 이 비 때문에 운송선이 요수 입구에서부터 곧바로 요동성 가까이까지 올 수 있게 되어 군수물자의 보급이 이전보다 원활해졌다는 점이었다. 앞서 조예가 해양용 선박을 만들도록 해 두었던 게 이때 나름 도움이 된 셈이다. 사실 이당시 위나라에서는 사마의와 동시에 유흔(劉昕)과 선우사(鮮于嗣)를 각각 대방태수와 낙랑태수로 미리 임명하여 발해 건너로 파견하여 요동왕국의 대방군과 낙랑군을 평정하게 하고 있었다.

한 달이나 지속된 비가 겨우 그치자 사마의는 포위 작업을 재개했다. 토산을 쌓고 굴을 뚫고 커다란 방패와 망루, 사다리차를 준비하여 화살과 돌을 성안으로 비 내리듯이 쏟아부으며 밤낮으로 요동성을 공격했다. 이에 공손연은 급박해졌다. 성안에는 양식이 다 떨어져 사람이 사람을 잡아먹을 지경에 이르렀으며, 사망자도 계속 늘어만 갔다. 결국 견디다 못한 장군 양조 등이 사마의군에게 투항할 정도였다.

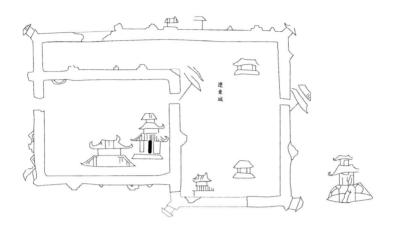

요동성 성곽 그림- 고구려 요동성총

8월 7일 밤에 유성이 긴 꼬리를 하얗게 빛내면서 수산 동북쪽에서부터 요동성 동남쪽 방향으로 떨어지자 성안 사람들이 놀라고 두려워했다. 공손연은 크게 두려워하여 상국 왕건(王建)과 어사대부 류보(柳甫)를 시켜 항복을 구걸하고 포위를 풀면 자신들이 손을 묶고 항복할 것을 청했다. 사마의는 이를 허락하지 않고 오히려 왕건 등을 모두 붙잡아 처형하였다. 격문으로 공손연에게 말했다.

"나는 왕인(王人)이고 지위가 상공(上公)인데 왕건 등이 와서 포위를 해제하고 군대를 철수하도록 요구하다니, 말이 되는가! 이두 사람은 나이가 있다 보니 분명 말을 전하면서 뜻을 왜곡했을 것이므로 처형했소. 만약 더 할 말이 있다면 다시 젊고 판단력 있는 이를 보내도록 하시오."

공포에 질린 공손연은 최고위직인 시중 위연(衛演)을 보내 기한 내에 인질을 보내겠다고 사정하였다. 사마의는 그런 위연에게 말했다.

"군사의 요체는 다섯 가지가 있소. 싸울 수 있으면 당연히 싸워야 하고, 싸울 수 없으면 지켜야 하고, 지킬 수 없으면 도망가야 하고, 나머지 두 가지는 항복하든가 죽는 것뿐이오. 당신들이 백기투항하지 않는 것은 여전히 일전을 불사하겠다는 것이니 이제 와서 인질을 보낼 필요는 없겠소이다."

8월 23일, 마침내 요동성이 뚫리게 되자 공손연은 아들 공손수(公孫修)와 함께 수백의 기병대를 데리고 남쪽 포위망을 뚫고 달아나려고 했으나, 사마의가 군사를 지휘하여 격파하고 유성이 떨어진 바로 그곳 양수(梁水), 지금의 타이쯔허(太子河)에서 그를 처형했다. 도망친 방향으로 봐서는 동남쪽을 향하였던 것 같은데, 아마도 후방의 낙랑군이나 대방군을 목표로 하였던 것은 아니었을까 싶다. 아마도 동시다발적으로 그 두 곳도 위나라군의 비밀 작전하에 협공을 당했다는 사실을 미처 인지하지 못했을 수도 있겠다.

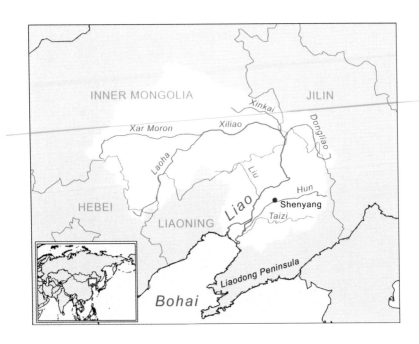

요수(Liao)와 타이쯔허(Taizi)(출처: 위키피디아)

이렇게 유성이 떨어진 지 16일 만에 요동성은 함락되었다. 그리고 거둬들인 주민은 4만 호에 인구는 30만이었다. 사마의의 후속 조치는 철두철미했다. 15세 이상 된 남자 7천여 명을 모두 죽이고 시체를 모아 경관을 만들었다. 요동왕국의 관리는 모두 사형에 처하고, 장군 필성(畢盛) 등 2천여 명을 처형했다. 오랜 기간 존속해 온 요동왕국 같은 독립 국가가 다시 등장할 수 없도록 완전히 그 씨앗을 말살하는 조처였다. 최종적으로 공손연의 참수한 머리를 수도 낙양으로 보내니, 이렇게 요동군 대방군 낙랑군 현도군은 모두 평정되어 모두 위나라에 귀속되었다.

그리고는 다음과 같은 영을 내렸다.

"옛날 한 나라를 정벌하는 것은 특별히 흉악한 사람을 죽이고자 하는 것이었다. 공손연 때문에 잘못 연루된 다른 사람들은 다 용서할 것이다. 중원 사람으로 옛 고향으로 돌아가고자 하면 각자 자신이 원하는 대로 하라."

당초 공손연은 숙부였던 공손공의 권좌를 빼앗고 구금했었는데, 사마의는 공손공을 석방하고 공손연에게 직언을 했다가 처형당한 장군 윤직(綸直)과 가범(賈範) 등의 분묘를 세우고 그들의 후손을 표창했다. 또한 조정에 상주하여 60세 이상의 군인 1천여 명을 돌려보내고 관리들에게 전쟁 중 사망한 집에 가서 상을 치르게 했다.

그리고 나서 사마의는 철군을 시작하였다. 위 황제가 사람을 유주의 치소인 계현(薊縣, 오늘날 베이징)으로 보내 군대를 위로하고 곤양을 하사하고 전에 봉읍으로 받은 두 현과 함께 식읍으로 삼게 했다. 요동에 남아 온갖 일들을 정리하는 역할은 유주자사 관구검에게 주어졌다. 그것이 동맹군 고구려에게 어떤 영향을 미치게 될지는 이때 아무도 몰랐을 것이다.

당초 공손연은 위나라 군대가 출발하였다는 소식을 들은 직후 오나라에 구원을 요청하였고, 손권은 그가 과거 배신했던 사실은 과감히 잊고 파병을 결심하였다. 그러면서 동시에 하필 위나라군을 이끄는 장군이 사마의라는 사실을 듣고는 공손연에게 이와 같은 서신을 보냈다.

"사마의는 용병에 능하고 그 변화가 신기에 가까워 당해낼 자가 없으니 심히 걱정이 되오."

그의 걱정처럼 전황은 급박하게 돌아갔는데, 미처 손권도 이렇게 빨리 전쟁이 종결될 줄은 예견하지 못한 채 파병 자체가 늦어져서 239년 봄 3월에야 요동에 오나라 군대가 도착하였다. 사자 양노(羊衜)와 정주(鄭冑), 장군 손이(孫怡)는 요동에서 위나라 수장 장지(張持), 고려(高慮) 등을 공격하고 포로들을 붙잡아 돌아오는 것으로 이 짧은 상황은 종료되었다. 이로써 오나라는 위나라 후방에서 원교근공 할 수 있는 기회를 영영 놓치게 되었다.

238년 가을 9월 10일, 이렇게 사마의가 양평(襄平)에서 공손연을 포위하여 크게 무찌르고 그의 머리를 수도로 전하자, 위나라 동북방의 여러 군이 모두 평정되었다.

겨울 11월, 공손연을 토벌한 공적을 기록하고, 태위 사마의 이하 장수들에게 식읍을 더해 주고 작위를 내려 주었다. 이전에 조예는 대신들과 상의하여 사마의를 파견하여 공손연을 토벌하게 하고 병사 4만 명을 내주려고 했는데, 의논에 참여한 대신들이 모두 4만 명을 보내는 것은 너무 많으며 싸움에 소용되는 비용을 제공해 주기가 어렵다고 주장하자, 조예는 이렇게 말한 적이 있었다.

"저 멀리 적군을 토벌하러 가는데 물론 뛰어난 전략으로 승리할 수는 있겠지만, 그 역시 군사력이 바탕이 되어야 하니 전쟁 비용만 계산하는 것은 옳지 않을 것이오."

그러고는 당초 계획대로 4만 명을 출정시켰다. 또 사마의가 요동에 도착할 무렵 장마가 계속 이어져 원정군이 고생하고 있다는 소식이 조정에 전해지자 모두가 군대를 돌릴 것을 주청하였었지만, 조예는 사마의를 두둔하며 이와 같이 말했었다.

"사마의는 어떤 위기에도 능히 대처할 수 있는 인물이니, 공손연을 사로잡는 데 그리 오래 걸리지 않을 것이오."

모두 결과적으로 조예가 옳았었음이 증명되었다. 젊은 나이에도 명석했던 조예에게 부족한 것이 하나 있었는데, 그것은 다름 아닌 본인의 건강 문제였다.

그해 12월 8일, 조예가 예상치 못한 병으로 병상에 누웠다. 사마의가 귀환하던 중 그에게 지름길로 신속히 관중으로 돌아오라는 명령이 내려졌는데, 연이어 3일 사이에 무려 다섯 번이나 그를 소환한다는 조서가 도착할 정도였다. 그만큼 황제의 건강이 위독한 수준이라는 게 확실했다.

어쨌든 매우 놀란 사마의는 밤낮으로 달려 당시 머물던 백옥(白屋)으로부터 160km의 거리를 하루 만에 주파했다. 그리고는 서둘러 가복전(嘉福殿)의 침실에 들어가 황제의 침상 앞에 나아갔다. 사마의가 눈물을 흘리며 병세를 묻자, 조예가 사마의의 손을 잡고 아직 꼬마 티를 벗지 못한 제왕(齊王) 조방(曹芳)을 보며 말했다.

"짐은 병이 위중하여 그대에게 뒷일을 부탁하니, 그대는 조상(曹爽)과 함께 어린 태자를 잘 보필해 주시오. 그대를 보았으니 이제 여한이 없소."

이 말을 들은 사마의는 고개를 떨구었다. 그날로 조예가 세상을 떠났으니, 이제 겨우 30대 중반의 한창나이에 아버지 조비와 마찬가지로 요절을 한 셈이었다. 다음 황제는 이제 겨우 여덟 살에 불과한 조방이 되었다. 사마의와 그의 정적들 사이에서 최종적으로 위나라의 운명을 좌우하게 되는 본격적인 권력 투쟁이 이로부터 시작된다.

8

위나라
관구검의
고구려 침공

혼히 사용되는 사자성어로 순망치한(脣亡齒寒)이 있다. 입술이 없으면 이가 시리다는 뜻인데, 주로 가까이에 있던 둘 중 하나가 없어지면 나머지 하나가 그 영향을 고스란히 받게 되는 상황을 비유하는 말이다. 사마의가 공손 씨 가문의 요동왕국을 멸망시킨 이후로 이제 위나라와 고구려 사이에는 입술에 해당되는 중간 완충 지대가 완전히 사라진 셈이었다. 이를 시간대별로 표현해 보면 이와 같이 된다.

[199년] 한나라(조조) - 원소 - 공손찬 - 오환 - 요동왕국(공손도) - 고구려

[202년] 한나라(조조) - **원소** - 오환 - 요동왕국(공손도) - 고구려

[207년] 한나라(조조) - **오환** - 요동왕국(공손강) - 고구려

[238년] 위나라(조예) - **요동왕국(공손연)** - 고구려

마치 양파 껍질이 한 꺼풀씩 벗겨지듯이 중간에 위치해 있던 세력들이 하나둘 역사에서 사라지더니, 이제는 아예 고구려가 위나라와 직접 국경을 마주하게 된 것이었다. 공손연의 몰락에는 고구려도 힘을 보태긴 하였지만, 뒤늦게서야 고구려 역시 입술 없이 이가 시려진 작금의 상황을 이해하게 된 것 같다. 40년에 걸쳐서 차례대로 원소부터 오환 그리고 최근의 공손연까지, 이 두 세력 간의 버퍼는 점차 얇아졌고, 고구려가 고개를 숙이지 않는 한은 강대강의 대치 외에 남아 있는 카드는 딱히 없었다. 심지어, 물론 실현 가능성은 매우 낮지만, 저 멀리 오나라로부터 원군을 지원받을 수 있는 길은 스스로 걷어차 버린 게 고구려가 처한 현실이었다. 스스로 마지막 방어복을 벗어 버린 고구려가 선택할 수 있는 길은 오직 선제공격뿐이었다.

242년에 동천왕이 군대를 보내 요동군의 서안평(西安平)을 요격하여 격파하였다. 이보다 동쪽의 안평구(安平口)가 고구려의 영토였다면, 바로 이에 대칭되는 위나라 측의 최전방 국경선이 이곳 서안평이었다. 그래서 이름도 안평의 서쪽이라는 뜻으로 서안평이라고 불렀다. 이곳 서안평은 거의 100년 전인 146년에 태조대왕이 군대를 파견하여 대방의 현령을 사살하고 낙랑군 태수의 가족을 생포하였던 바로 그 장소였다. 위나라도 당장 대응할 수 없는 완패였던지 곧바로 반격에 나서지는 못하였다. 여담이지만, 고구려가 서안평을 완전히 흡수하기까지는 이로부터 69년 후의 미천왕을 기다려야 한다. 어쨌든 고구려에서는 위나라와의 장기전을 예상하였는지 다음 해 봄 1월에 왕자 고연불(高然弗)을 왕태자로 삼아 후계 구도를 명확히 하고, 또 그 기념으로 나라 안에 사면을 지시하여 국론의 통일을 도모하였다. 어쨌든 그사이 고구려에서는 다음을 준비하였다. 그리고 얼마 안 가 정말 다들 예견하였던 그 순간이 다가왔다.

안평(오늘날 압록강 하류 인근)

244년 가을 8월, 위나라는 고구려의 자국 영토 침범을 문제 삼아 유주자사 **관구검**(毌丘儉, ?~255)을 보내 보병과 기병 총 1만 명을 거느리고 현도(玄菟)를 시작으로 침략해왔다. 1만 명은 아마도 그의 직속 부대만을 계산하였던 모양이고, 7개 부대로 나뉘어 여러 루트로 고구려에 동시다발적인 공격을 가하였다. 또 앞서 사마의의 공손연 토벌 때 힘을 보탰던 막호발의 아들 모용목연(慕容木延)도 이때 선비족을 이끌고 관구검군에 참가하였고, 마찬가지로 당시 금석문 자료를 보면 오환 선우 구루돈의 부대도 참전하였던 것 같다. 별도로 현도태수 장군 왕기(王頎)를 부여로 파견하였는데, 아마도 참전과 관련된 모종의 협상을 하는 것이 목표였던 듯하다. 이 당시 부여를 실질적으로 지배하고 있던 위거(位居)는 6부 중 하나인 견가(犬加)를 교외로 보내어 영접하게 하고 최종적으로는 군수 물자를 지원해 주는 선에서 직접적인 참전에는 선을 그었던 모양이다.

잠시 이 당시의 부여 내부의 상황을 살펴보고 가자. 이전에 부여왕 위구태가 사망하자, 간위거(簡位居)가 왕위를 이었다가 그에게는 적자가 없어 서자인 마여(麻余)가 여러 가(加)들의 추대로 그다음 왕이 되었다. 이때 6가 중 하나인 우가(牛加)의 형의 아들로 위거가 있었는데, 대사(大使)의 직위에 있으면서 재산을 아끼지 않고 타인에게 베풀기를 좋아하였기에 나라 사람들이 많이 따랐다고 한다. 그가 바로 현도태수 왕기를 맞이하였던 그 인물이다. 위거는 작은 아버지인 우가가 반역 계획을 준비하고 있다고 판단하여 자식과 함께 우가를 처단하고 집안의 재산을 몰수한 다음 모조리 정부로 귀속시켰다. 정적을 제거하는 것이었음에도 개인적인 착복이 아닌 대의를 따르는 큰 인물이라는 포지셔닝이 이렇게 가능했을 것이다. 그리고 연이어 부여왕 마여까지 사망하자 아들인 의려(依慮)가 불과 여섯 살의 나이로 즉위하게 되는데, 이때도 위거의 입김이 작용한 건 아니었을까 싶다.

어쨌거나 부여 입장에서도 이웃 나라인 고구려가 못마땅했던 것은 당연했지만, 한편으로는 그간 중원과 요동 사이에 겹겹이 쌓여 있던 완충 지대들이 걷혀 나가자 어떤 일이 벌어지는지 직접 목도하게 된 것이 이때의 의사 결정에 큰 영향을 미쳤을 것으로 짐작된다. 적극적으로 전쟁에 개입할 수는 없고, 그렇다고 대국에 밉보일 수는 없던 상황에서 가장 현실적인 판단을 하였던 게 바로 군수 지원이지 않았을까.

관구검의 공격을 받게 된 동천왕이 처음에 보병과 기병 총 2만 명을 거느리고 비류수에서 싸워 승리하니 위군의 사망자만 3천여 명이었다. 또다시 병력을 이끌고 다시 양맥(梁貊)의 골짜기 곧 양구(梁口)에서 싸워 재차 승전하였는데 위군 측 사상자와 포로가 3천여 명에 이르렀다. 연이은 승리에 자신감을 얻은 동천왕이 여러 장수들에게 말하였다.

"위나라의 병력이 도리어 우리의 적은 병력만 못하고, 관구검이란 자는 위나라의 명장이라더니 이제 그 목숨이 내 손에 달려 있구나."

그리고는 다시 중무장 기병 5천 명을 거느리고 나아가 공격하였다. 궁지에 몰린 관구검이 방어진을 구축하고 결사적으로 싸우니 이번에는 오히려 고구려군이 궤멸적인 피해를 입었다. 단 한 번의 전투로 고구려 측 사망자가 수천 명에 달하는 대패였다. 동천왕이 남은 병력 중 기병 1천여 기를 거느리고 퇴각하여 급히 가족을 대동해서 압록원(鴨淥原)으로 달아났다.

겨울 10월에 관구검은 고구려의 수도 환도성을 공격하여 함락시키고 성안을 도륙하였으며, 그 결과 사상자와 포로만 수천 명이 되었다. 이보다 앞서 고구려의 패자(沛者) 득래(得來)가 동천왕에게 위나라 공격을 반대하는 충언을 여러 차례 하였지만 동천왕이 그 말을 따르지 않았었는데, 그가 곡기를 끊고 결국 죽음을 선택하자 사람들 모두 그가 어진 사람이라고 여겼다고 한다. 관구검은 군사들에게 명하여 그의 묘에 피해가 가지 않게 하고 붙잡혔던 그의 처자식들도 모두 풀어 주도록 하였다. 관구검으로서는 국민의 신망을 얻은 득래와 국민을 저버리고 도망친 동천왕과 대비시켜 동천왕을 폄훼하고 고구려의 민심을 갈라치는 일종의 심리전을 펼쳤던 것이다.

　위나라의 244년 고구려 침공은 1차전에 불과했다. 짧은 휴지기를 가진 후 관구검의 위나라군은 245년 5월경 2차 침공을 재개하였다. 이에 전쟁 방비는커녕 아직 전쟁 복구도 미처 하지 못한 동천왕으로서는 매구(買溝) 혹은 치구루(置溝婁), 곧 그 당시 고구려 동북방 경계선의 전략적 요충지인 책성(柵城)이 있는 북옥저 지역을 목표로 급히 피난길에 오르는 수밖에 없었다. 한마디로, 뒤돌아볼 것 없이 동쪽 끝을 향해 내달린 셈이었다. 그가 동쪽을 선택할 수밖에 없었던 이유는 사실 간단한데, 그 남쪽에서는 낙랑태수 유무(劉茂)와 대방태수 궁준(弓遵)이 고구려 남동부에 위치한 동예(東濊)를 동시다발적으로 공략하고 있었기 때문이다. 즉, 위나라의 2차 침공은 관구검 단독의 일방향적인 군사작전이 아닌 사실상 고구려 전역을 대상으로 한 총력전의 성격이 강했던 것이다.

관구검은 왕기에게 군대를 따로 내어 주면서 동천왕 일행을 추격하도록 했다. 그런데 굳이 왜 왕기였을까? 현도태수였던 왕기가 직접 부여와의 협상에 나선 바도 있었고, 어느 누구보다도 이곳 요동 지역의 물정에 대해서는 가장 잘 아는 전문가로 인식되었었기에 그를 콕 집어 지명하였던 것으로 보인다. 어쨌거나 처음에 동천왕은 남옥저로 가는 길 도중에 죽령(竹嶺)에 이르렀는데, 군사들 대부분은 흩어져 거의 다 사라지고 오직 동부(東部)의 밀우(密友)만이 홀로 옆을 지키고 있다가 동천왕에게 말하였다.

"지금 적병이 가까이까지 추격해 오고 있으니 이대로는 위험에서 벗어날 수가 없습니다. 제가 결사적으로 막아 볼 테니 왕께서는 그사이 피신하십시오."

마침내 결사대를 모아 적진으로 가서 힘껏 싸웠다. 이를 틈타 동천왕이 샛길로 탈출해 간신히 포위망에서 벗어날 수 있었다. 산골짜기에 의지해 흩어진 병사들을 모아 겨우 방비할 수 있게 되자, 목숨을 걸고 자신의 탈출을 도와주었던 밀우가 걱정이 되었다.

"누구든 밀우를 데려올 수 있다면 후하게 그 대가를 갚겠다."

"제가 한번 가 보겠습니다."

하부(下部)의 유옥구(劉屋句)가 앞으로 나서면서 대답하였다. 그리고는 한참을 찾아 헤맨 끝에 앞서 전투가 벌어진 장소에서 마침내 밀우가 땅에 쓰러져 있는 것을 발견하고는 곧바로 들쳐업고 돌아왔다. 동천왕이 밀우를 무릎에 눕혀 한참을 보살핀 끝에 다행히 정신을 차리고 깨어났다.

하지만 그것으로 위기가 끝난 것은 아니었다. 동천왕이 샛길을 전전하며 가까스로 남옥저에는 다다랐으나, 위나라군의 추격은 멈추지 않았다. 동천왕도 이제 더 이상 여기서 빠져나갈 계책도 떠오르지 않고 몸에 힘도 다 빠져서 어찌해야 할지 몰라 하던 와중에 동부 사람 유유(紐由)가 나서서 말하였다.

"지금 저희가 매우 위급한 상황이긴 하나 이대로 가만히 앉아서 죽을 수만은 없습니다. 제게 부족하나마 계책이 하나 있는데, 제가 직접 음식을 가지고 가서 위나라 군사에게 대접하면서 틈을 보아 적 장수를 찔러 죽이는 것입니다. 만일 제 계획이 통했을 시 왕께서는 곧바로 전력을 다해 공격하신다면 반드시 이길 수 있을 것입니다."

"그렇게 한번 해 보세."

이에 동천왕의 승인을 받은 유유가 위나라군 진영에 들어가 거짓으로 항복하였다.

"우리 임금이 귀국에 잘못을 저지르고 도망쳐 여기 바닷가까지 이르렀는데, 이젠 몸 둘 땅도 없어서 조만간 이곳 진영 앞으로 나와서 사구(司寇)께 항복하려고 합니다. 그래서 먼저 저를 보내 변변치 못한 선물이지만 성의를 보이고자 부하들의 요깃거리라도 전해 드리고자 하는 것입니다."

사구(司寇)는 원래 치안을 담당하는 관직명인데, 이때의 금석문에서도 구장군(寇將軍)이라는 같은 호칭이 나오는 것을 보면 현도태수 왕기의 부하 장수 중 한 명을 지칭했던 것 같다. 실제로 왕기는 군대를 분산시켜 동쪽으로 동천왕을 쫓았다고 하니 그중 한 부대의 장수였던 게 거의 틀림없다.

어쨌든 위나라의 장수가 이 말을 듣고 기꺼이 항복을 받아들이려 했다. 그 순간, 유유가 식기에 숨겨 두었던 칼을 빼서 앞으로 뛰쳐나가 적장의 가슴을 찌르고 그와 함께 죽으니, 위군 진영에 일대 혼란이 벌어졌다. 신호를 인지한 동천왕이 군사를 세 길로 나누어 신속히 반격에 나서니, 결국 이때의 위나라군은 혼란 속에 급히 퇴각할 수밖에 없었다. 기록으로는 낙랑으로 물러났다는 것으로 보아 출발지 이상으로 회군을 한 셈이니, 단 한 차례의 전투가 아니라 이후에도 고구려군의 지속적인 추격전 내지 사방에서의 끈질긴 게릴라전이 이어졌던 것으로 보인다.

일개 추격군 부대의 패배이긴 하였지만, 패전 소식을 접한 추격군 총사령관 역할의 왕기로서는 고구려군의 반격이 매섭게 이루어지는 것을 보면서 자신이 너무 멀리까지 원정을 나와 있다는 것에 대한 일말의 불안감이 엄습해 온 탓에 안전을 위해 전군의 퇴각을 결정하였던 것은 아니었을까 싶다. 그리고 한편으로는 당시 그가 분산 파견하였던 군대들의 보고를 들어 보았을 때에는 이미 자신들이 세상의 끝까지 도달하였다는 생각을 하였던 것 같다. 예를 들어, 옥저의 동쪽 경계 끝, 읍루(挹婁)와의 국경 지역까지 가서는 그곳 노인들에게 바다 건너 신비로운 이야기들을 채집하여 돌아왔는데, 허황된 정보도 많고 더 멀리 나아간다고 해서 얻을 수 있는 실리도 없을 것으로 판단되었기에 더 이상의 원정은 의미가 없겠구나 싶었을 것이다. 끝내 동천왕을 사로

잡지 못한 것은 아쉬웠겠지만 세상의 끝까지 다녀왔다는 그들의 무용담만으로도 위나라군으로서는 그 이상의 전리품은 없었을 듯하다.

이 일련의 전투를 거치면서 왕기는 고구려 동부의 옥저 땅을 400km 이상 진군하였는데, 그의 부대가 지나간 옥저의 마을들은 모조리 파괴되었고, 옥저에서만 살해당하거나 포로로 잡힌 이들의 숫자가 3천 명이 넘었다고 한다. 고구려인들의 피해까지 합치면 8천 명이 넘는 사상자들이었다. 그러면서 왕기는 고구려와 옥저의 땅 곳곳에 전승 기념비를 남겨 두었다. 읍루의 남쪽 경계까지 도달하여 이렇게 멀리까지 원정을 왔다는 것을 기념하여 그곳에서 공적을 돌에 새겨 두었고, 또 고구려의 수도 환도산(丸都山)과 옥저의 불내성(不耐城) 등에도 마찬가지로 승전의 기록을 남겼다. 이때 새겼다는 공적비 중의 하나가 우연찮게 환도성 근처에서 1905년에 발견되었다. 오늘날 관구검 기공비라고 부르지만 사실 남아 있는 짧은 내용을 살펴봤을 때에는 관구검을 위한 것이라기보다는 왕기가 남긴 기록물의 성격이 더 커서 왕기 기공비가 더 적합한 명칭이 아닐까 싶다.

관구검 기공비(출처: 위키피디아)

그런데 여기서 역사의 미스터리가 있다. 관구검의 위나라군 전체가 공식적으로 아무런 이유 없이 물러난 것이다. 위나라 본국에 "예맥을 토벌하여 모두 격파했다"고 보고된 시점이 246년 여름 5월이었는데, 고구려가 영토를 되찾은 시점의 말미는 그로부터 불과 9개월 후인 247년 2월의 일이니 너무도 빨리 전군이 퇴각을 한 셈이다. 완전히 고구려를 멸망시킬 수 있었던 절호의 기회였는데, 최소한 옥저 지역에서 물러난 것은 그나마 이해가 되지만, 그래도 애써 점령한 고구려 수도까지 완전히 포기하고 본국으로 귀환한 것은 여전히 이해가 되지 않는다. 이를테면 고구려의 각 지역마다 민병대들이 들불처럼 일어나 위나라 정규군을 상대로 한 비정규전, 즉 게릴라전의 성과였다든지, 무언가 짐작할 만한 기록이 있다면 좋겠지만 안타깝게도 옥저에서의 동천왕의 반격을 끝으로 그 이후 언젠가 전면 퇴각을 결정한 것이 최종적인 모습이다.

무언가 환도성 탈환에 대한 대대적인 공습이 있거나 했다면 그럴싸한 설명이 가능하겠지만 그런 부분은 전혀 발견되지 않는다. 그렇다면 이제부터는 합리적인 추론만 가능할 듯하다. 나의 가설은 이렇다. 관구검의 1차 침공은 가을 8월이었고, 10월에 환도성 공략에 성공한다. 그리고 나서 시점은 확실하진 않지만 연내에 1차 퇴각을 하였던 것으로 보인다. 그다음 2차 침공은 1차 때보다 빨라진 여름 5월에 결행되었다. 그리고 겨울 한철을 보내고 다음 해 겨울이 다시 오기 전에 서둘러 전격적인 퇴각이 이루어진다. 이는 무엇을 말하는 것일까? 문제의 답은 관구검 자신에게 있었던 것은 아니었을까?

관구검의 고향은 오늘날 중국의 산시성(山西省)으로 베이징의 서남쪽 지역을 떠올리면 된다. 그리고 그가 동원한 군대는 기본적으로 오늘날 베이징 일대에 해당하는 유주의 병력이었다. 산시성과 베이징은 기본적으로 연중 날씨가 그렇게 추운 곳은 아니다. 지금의 날씨와 완전히 동일하다고 할 수는 없지만 참고해서 대략 추정을 해 보자면, 한겨울에도 베이징은 평균 영하 10도를 잘 넘어서지는 않는 지역이다. 그에 반해 예컨대 동북3성 중 지린성(吉林省)의 날씨는 10월 말이면 이미 영하로 접어들고, 1월이면 평균 영하 20도까지 떨어진다. 현도군나 요동군의 기존 병사들 및 오환의 지원군은 북방 지역 출신들이니 이곳 날씨가 익숙해서 문제가 없었겠지만 그들이 병력의 핵심은 아니었고, 주요 병력이었던 유주의 군사들 특히나 중원에서만 주로 지내 온 관구검 자신에게는 정말 치를 떨었을 추위였을 것이다.

그렇게 1차 침공 때 이미 극심한 한랭한 날씨를 경험하고는 2차 침공 시에는 그래서 전쟁 개시 시점도 앞당기고 나름의 월동 준비를 해서 해를 넘기는 장기 작전을 펼쳐 보았지만, 몰아닥치는 한파 탓에 최종적으로는 현지 작전 수행에 상당한 애를 먹고는 결국 또다시 부득이 퇴각을 할 수밖에 없었지 않았을까 하는 것이 나의 해석이다. 이들도 고구려 영토에 영구 정착하기 위해 산도 깎고, 수로도 뚫고, 노력은 하였지만 떠날 수밖에 없었던 저간의 사정은 결국 나폴레옹이나 히틀러마저도 고배를 마실 수밖에 없었던 바로 그 동장군(冬將軍)의 위력 때문이 아니었겠는가 싶다. 어담이지만 1812년 12월 나폴레옹이 러시아 원정에서 패하고 퇴각하였을 당시의 기온이 무려 영하 36도였다고 한다.

만약 관구검이 그럼에도 상황 변화에 대한 대응이 빠르고 전략적 마인드가 뛰어난 장군이었다면 결과는 또 달라졌을지도 모르겠다. 하지만 그는 지방 태수부터 조정의 관직까지 두루 거친 아버지를 둔 일종의 금수저 출신으로, 고생을 모르고 자란 인물에 가까웠다. 심지어 조예가 태자이던 시절부터 친밀한 관계였어서 이미 백 미터 달리기에서 다른 누구보다 몇십 미터 앞서 출발할 수 있었던 유리한 성장 조건이었다. 덕분에 형주자사를 거쳐 조예의 명으로 유주자사가 되어 공손연 토벌을 위해 진두지휘하는 역할까지 맡게 되었는데, 이미 앞서 본 것처럼 그마저도 실패로 돌아갔다. 똑같이 장마가 지속되는 날씨에 관구검은 퇴각을 결정하여 스스로 편안함을 찾았다면, 동일한 적을 상대로 같은 지형에서 사마의는 장마로 궂은 날씨에도 진격하여 끝내 목적한 바를 이뤄 내는 끈기를 보여 주었다.

곱게 자란 귀공자 스타일의 관구검으로서는 온갖 악조건의 환경 자체를 회피하는 개인적 성향이 있었던 모양이다. 이는 그가 군인으로서의 실력 발휘에 있어 제약이 컸음을 의미한다. 거의 10년 후의 일이지만, 관구검이 위나라에 반기를 들었을 때의 그의 군사 능력은 영 시원찮아서, 당시 위나라의 권력을 독차지하고 있던 사마사(司馬師), 곧 사마의의 장남에게 보란 듯이 패하고 말 정도였다. 아마도 좋게 비유해도 유비가 제갈량에게 재능 없이 허명만 높으니 조심하라고 일러 주었던 마속(馬謖)쯤 되는 인물이었지 않았을까 싶다.

더욱이 저 멀리까지 원정을 가야 했던 동천왕 추격전 같은 고생스러운 일은 현도태수 왕기 등에게 맡겨 버리고 본인은 편안하게 후방에 머물러 있던 것을 보면 현장 지휘와 같은 것은 자신이 직접 처리할 급은 아니라고 보았던 것은 아니었을까. 그러니 운 좋게 반격에는 성공하였지만 고구려와의 전쟁 초반에 두 차례나 공식적으로 패전을 거듭하였던 것도 나름 원인은 그 자신에게 있었을 개연성이 높아 보인다. 왕기와 같은 현장을 잘 알던 이가 보기에는 관구검이라는 인물에 대한 견적이 그냥 딱 나왔을 테니, 대(對) 고구려전을 거치면서 곳곳에 공적비를 세울 때에도 총지휘관인 관구검이 아닌 자신들의 관점에서 기록을 남길 만도 했었을 것 같다. 어차피 열심히 노력하고 좋은 결과를 만들어 내도 본진에서 고고하게 지내고 있는 관구검에게 공로가 돌아갈 게 뻔한데, 굳이 현장에서 최선을 다할 필요가 있었겠는가. 혹여나 요동의 동장군에 대한 공포심은 오히려 이들이 관구검에게 더욱 부풀려서 심어 준 것일지도 모를 일이다.

9

재건
그리고
새로운
수도 평양

마침내 동천왕이 고구려의 영토를 회복하고 논공행상을 하는데, 그중에서도 밀우와 유유를 제일 공신으로 꼽았다. 밀우에게 거곡(巨谷)과 청목곡(靑木谷) 두 곳을 주었고, 유옥구에게 압록의 두눌하원(杜訥河原)을 주어 식읍으로 삼게 했다. 또 목숨을 잃은 유유를 추증하여 대사자(大使者)로 삼고, 그의 아들 다우(多優)도 마찬가지로 대사자로 삼아 그 은혜를 대신 갚았다.

그리고 기존 수도였던 환도성이 전란을 겪어 다시 제 기능을 다 할 수 있는 상황이 아니기도 했고, 또 두 차례나 관구검의 침공을 겪었다 보니 방어상 취약점이 드러난 상황이기도 해서 그에 대한 대비책을 찾을 수밖에 없었다. 그렇게 환도성의 대안으로 247년 봄 2월에 평양성(平壤城)을 쌓고 백성들을 이주시켰다. 환도성에 도읍한 지 39년 만에 재차 천도한 것이다. 단기간에 조치가 가능했던 것으로 보아 이미 존재하던 성을 보강하여 옮긴 것이 아닐까 싶기도 하지만, 정확한 위치는 오늘날까지도 명확히 알려져 있지는 않다. 지금의 평양성 자리, 곧 고구려 당대에 장안성(長安城)이라고 불렸던 위치에 도읍하는 것은 이보다 한참 후의 일이다. 장소를 특정하기는 어렵지만 북한의 학자들은 오늘날 평양성 바로 동북쪽에 인접해 있는 청암토성을 동천왕의 평양성으로 비정하기도 하였으니 의견을 참고해 볼 수는 있겠다.

다만 일부 학자에 따라서는 이 당시 한나라의 낙랑군이 평양에 위치하고 있었다고 보고 이때의 평양성은 다른 지역이었을 것이라고 주장하기도 하는데, 이는 사실 정확한 근거에 의한 판단은 아니다. 이보다 훨씬 앞서 고구려에서 압록강 건너 요동의 서안평 지역을 공략하였을 때 낙랑군 소속의 대방현령 자신과 낙랑태수의 일가족이 기존 낙랑과는 거리가 먼 그곳에서 고구려군에 사로잡힌 사례가 보여 주듯이 기원전에 설치되었던 낙랑군이 이때까지도 평양에 그대로 있었다고 단정 짓기에는 무언가 납득하기 어려운 부분이 있다. 더욱이 이름이 말해 주듯이 서안평의 동쪽에 위치해 있던 압록강 하류의 안평구는 오래전부터 고구려가 차지하고 있던 영토였다. 그렇기 때문에 서안평 자체가 이미 위나라와 고구려 간의 최전선에 해당되는 시점이었는데, 고구려 영토를 건너뛰어 그보다 훨씬 먼 지역인 평양 일대가 위나라의 세력권이었다고 보는 것 자체가 가능성 낮은 논리일 수밖에 없다.

이러한 사실을 간접적으로 입증해 주는 사례는 더 있다. 예를 들어, 고구려 태조대왕이 현도군 침공에 연이어 낙랑의 화려성을 공격하였다는 것도 이 두 곳의 거리가 완전 동떨어진 지역은 아니라는 사실을 말해 주며, 앞서 관구검이 고구려 정벌 이후 반격을 맞아 급히 퇴각할 때에도 낙랑으로 도망친 기록이 있는데, 이때의 낙랑이 한반도라면 스스로 퇴로가 막힌 남쪽의 사지로 걸어 들어가는 셈이었을 테니 현실적으로는 위나라 본토로의 퇴각이 용이했던 서쪽 방향으로 물러났음이 분명하다.

후한 말에 양무(涼茂)라는 이가 조조에 의해 낙랑태수로 임명받아 이동하던 중에 요동군의 공손도에게 사실상 억류되어 부임하지 못했던 적도 있는데, 목적지가 최종적으로 한반도였다면 해로로 한번에 갈 수 있었지 않았겠느냐는 질문 또한 해 볼 수 있다. 실제로 기원전에는 중원에서 한반도의 고대 낙랑 지역으로 이동할 때 바다를 건너서 갔다는 기록이 있기도 하고 말이다. 그렇다면 어느 시점에 옛 한나라의 낙랑군은 평양에서 지금의 요동 어딘가로 이동하였다고 보는 것이 합리적인 판단이 아닐까.

《자치통감》의 313년 기록을 보면, 요동사람 장통(張統)이 낙랑과 대방 두 곳을 점거하고 고구려와 수년간 전쟁을 벌였는데, 이때 낙랑사람 왕준(王遵)이 그를 설득하여 1천여 가구, 즉 못해도 수천 명에 달하는 인구를 이끌고 선비족 모용외에게 귀순토록 한 바가 있었다. 이에 모용외는 장통을 낙랑태수로 임명하였다는데, 그 이후에도 선비족의 요서에는 대방왕과 같은 과거 한 사군의 명칭이 계속 사용된다. 그 이동 경로상에 만약 고구려가 있었다면 현실적으로 전쟁 중인 상대방을 쉽게 통과시켜 주었을 리 만무하니, 이 또한 당시의 낙랑과 대방은 한반도가 아니라 요동반도 인근 어딘가에 있었음을 간접적으로 말해 준다.

나중에 기회가 된다면 소위 한사군에 대해 좀 더 자세히 다룰 일이 있겠지만, 어쨌든 여기서는 관련된 부분만 최대한 요약해서 살펴보도록 하자. 한 제국은 서기 30년경에 변경의 군(郡)을 대폭 감축하였는데, 그 여파로 폐지된 곳들이 많았고 자연히 휘하의 각 현(縣)들 또한 그곳 현지인들이 현후(縣侯)라는 명칭으로 실질적인 지배자가 되었다고 한다. 이때 낙랑 소속의 불내현(不耐), 화려현(華麗), 그 외 옥저(沃沮) 등은 결과적으로 전부 후국(侯國), 즉 사실상 독립국이 되었다. 그래서 이들은 통일된 권력의 부재 하에 반목하여 서로 공격하는 등 사실상 아나키 상태에 있었고, 그 와중에 어쨌거나 예컨대 불내현, 곧 불내후국의 경우 현지인인 예인(濊人)들이 모두 정부의 자리를 차지하였다고 하니, 점차 한나라의 영향력에서 벗어나 독자적인 세력화의 길로 접어든 것은 명확한 사실로 보인다.

그래서 서기 40년에 신라의 북변을 침공한 세력의 주체도 공식 명칭인 낙랑군이 아니라 개별 세력의 이름인 화려현과 불내현 두 현으로 표현되어 있고, 그 이후《삼국사기》라는 역사서에서는 고구려 태조대왕의 전쟁 기록 외에는 3세기 중반까지 한반도에서 낙랑 혹은 대방의 이름은 전혀 등장하지 않는다. 영어식 표현을 빌자면 글자 그대로 거리가 멀어져서 굳이 역사 기록으로 남길 만큼의 마음도 멀어진 그런 상황이었다고 보면 대략 맞을 것이다.

다시 돌아와서 이때의 고구려의 상황을 되짚어 보면, 동천왕이 굳이 지금의 평양 쪽으로 급히 옮겨 갈 수밖에 없었는지 오히려 이해가 간다. 당시 고구려는 관구검에 의해 수도가 파괴당했고, 동부의 옥저 또한 피해가 어마어마했으며, 북부의 부여는 진작에 위나라 편에 줄을 선 상황이었다. 그렇기 때문에 수도의 대체 지역을 찾을 수밖에 없었을 때, 당연히 적국 위나라와 가까운 서부로 갈 이유는 없었으니 남은 선택지라고는 현실적으로 남부밖에 없었을 것이다. 그래서 그나마 위나라와의 접경 지역으로부터 거리가 멀면서 상대적으로 피해가 덜했던 곳을 찾아 이전한 게 지금의 평양 인근이 아니었겠느냐 하는 것이 나의 추론이다.

이후의 일은 일종의 역사적인 의미에서의 나비효과가 된다. 흔히 후대의 장수왕이 남진정책을 위해 평양성으로 처음 천도한 것으로만 알려져 있는데, 사실은 이때의 환도성의 심각한 피해로 인해 임시로 남쪽의 평양 일대로 물러났다가 한 차례 환도성으로 복귀는 하였지만, 역시나 방어적 허점이 다시 한번 드러나 결국 완전히 평양으로 후퇴하여 자리 잡게 된 것이 역사적인 팩트이다. 이때의 사건과 당시의 결정으로 이후 고구려 및 한반도의 운명과 장기적으로는 동북아시아 전체의 미래가 결정되게 된 셈이니, 작은 역사의 날갯짓이 얼마나 커다란 영향력을 발휘하게 되었는지 보여 주는 좋은 사례로 여겨진다.

어쨌든 248년 가을 9월에 온갖 고생 끝에 결국 동천왕은 불과 마흔의 나이로 세상을 떠났다. 바로 동양이라는 곳에 장지를 마련하였고, 시호는 동천왕이라고 하였다. 나라 사람들이 그의 은덕을 생각하여 슬퍼하지 않는 자가 없었다. 가까운 신하로서 스스로 목숨을 끊고 따라 죽으려고 하는 자가 많았으나, 그의 아들 고연불(高然弗)은 그것은 오히려 고인에 대한 예의가 아니라 하여 금지시켰다. 장례일에 이르러 무덤에 와서 스스로 죽는 자가 매우 많았다고 한다.

명확한 근거는 없지만 동천왕이 이만큼 민중들의 존경과 사랑을 받았다는 사실은 관구검과의 대전에서 그가 높은 확률로 적극적인 현장 지휘를 통해 실질적으로 위나라군의 패퇴를 이끌어 낸 것을 반증해 주는 것은 아닐까 생각된다. 단순히 일신의 안전을 위해 도망만 다닌 인물이었다면 결코 이런 국민적 평가를 받았을 리 만무하기 때문이다.

평양성도(조선시대)(출처: 국립중앙박물관)

어쨌거나 이 당시 나라 사람들이 잡목(柴)을 베어 그 시신들을 덮었다고 하여 그곳의 이름을 시원(柴原)이라고 불렀다는 전설과도 같은 이야기가 전해진다. 참고로 16세기의 조선시대 인물인 윤두수(尹斗壽)가 쓴 《평양지》라는 책에 따르면, 평양 동쪽 12km가량 떨어진 시록(柴麓)이라는 곳에 큰 묘가 있었다고 하는데, 이곳이 바로 시원이 아니었을까 하는 설도 있으니 같이 기록해둔다.

그다음 왕위를 이은 이가 바로 맏아들 고연불, 곧 중천왕(中川王)이었다. 외모가 뛰어나고 지략이 있다는 평을 들었다. 새로운 태왕은 25세의 준수한 청년의 모습이었을 것이다. 즉위 다음 달인 겨울 10월에 아내 연씨(椽氏)를 왕후로 삼은 바로 직후인 11월에 중천왕의 동생인 고예물(高預物)과 고사구(高奢句) 등이 반역을 도모하였다. 다만 어쩌다 중간에 계획이 들통나서인지 몰라도 빠르게 진압되어 결국 사형에 처해져서 큰 혼란은 발생하지 않았던 듯하다. 고구려의 재건이 무엇보다도 시급하던 시기에 무슨 갑작스러운 쿠데타였는지는 모르겠지만, 아쉽게도 이때의 구체적인 정황은 알려져 있는 것이 없다. 다만 연이어 발생한 일들을 바탕으로 거꾸로 되짚어보는 정도는 가능하지 않을까 싶다.

- 250년 봄 2월, 국상 명림어수에게 국가의 군사 업무를 겸하여 맡아 보게 하였다. 이해를 돕기 위해 비유하자면 국무총리에게 국

방부장관까지 겸직하게 한 것과 마찬가지였을 것이다. 참고로 명림씨 가문은 전통적으로 연나부 소속으로 알려져 있다.

- 251년 여름 4월, 관나부 출신의 관나부인(貫那夫人)을 가죽 주머니에 넣어 서해(西海)에 던져서 죽여 버렸다. 원래 중천왕은 이 성의 외모를 중시 여겼었는지 예쁜 얼굴에 긴 머리카락의 관나부인을 소후(小后)로 삼으려고 했다. 그러나 당시 연나부 출신이었던 왕후가 견제하는 것을 알고는 눈치를 보던 중이었는데, 관나부인마저 왕후에 대한 질투심을 노골적으로 드러내자 순간 홧김에 저지른 일이었다.

- 254년 여름 4월, 명림어수가 눈을 감았는데, 230년부터 국상으로서의 재임 기간 34년 동안 온갖 영화와 국난을 모두 겪으면서 고구려를 이끌어 온 인물의 마지막 모습이었다. 후임 국상에는 비류부 출신의 패자(沛者) 음우(陰友)가 취임하였다.

- 255년에 왕후 연씨와의 사이에서 태어난 왕자 고약로(高藥盧)를 왕태자로 삼고 나라 안에 사면을 행하였다. 중천왕은 아들을 서부(西部)의 대사자(大使者) 우수(于漱)의 딸과 결혼시켰는데, 고국천왕의 왕후였던 우씨(于氏)와 같은 성씨로 보여 지금은 서부 소속이지만, 원래는 연나부 출신이었던 것 같다.

- 256년 겨울 11월, 연나부 출신의 명림홀도(明臨笏覩)를 공주에게 장가들여 부마도위(駙馬都尉), 곧 공주의 남편에게 주어지는 관직을 부여하였다. 전통 있는 가문의 성씨인 것도 그렇고, 왕가와의 혼인이 가능했을 만큼 최상류층 집안이었던 셈이니 역시나 명림어수의 후손이 아닐까 싶다.

여기서의 공통점은 중천왕과 옛 연나부 세력과의 밀착 관계이다. 앞서 동천왕 때의 대표적인 공신들의 출신지가 동부 및 서부로 표현되었다고 하면, 한동안 사라졌던 옛 나부의 이름들이 중천왕 때에 거의 모두 되살아난 것처럼 보일 정도이다. 관나부인의 갈등이 상징하는 것도 그렇고, 비류부에 대한 나름의 정권 차원에서의 배려도 그렇고, 아마도 공동체의 절대적인 적이 존재하는 전쟁이 끝나자 그간 수면 아래에 가라앉아 있던 권력 다툼이 다시 등장하였던 것은 아니었을까. 정확히 어느 부가 중천왕의 동생들과 결탁하였던 것인지 구체적으로 명시할 수는 없지만, 최소한 연나부의 반대파였던 것만큼은 높은 확률로 유추해 볼 수 있을 것 같다. 언제나 그렇듯 근본적 해결이 어려울 때의 내부의 이슈는 보다 더 큰 이슈로 덮는 것이 가장 효과적이다.

　때마침 259년 겨울 12월에 위나라 장수 위지해(尉遲楷)가 군대를 이끌고 고구려를 쳐들어왔다. 중천왕이 정예 기병 5천 명을 선발하여 양맥(梁貊) 골짜기에서 전투를 벌여 승리하였는데, 이때 위군 측 사망자만 무려 8천여 명이었다고 하니 못해도 1만 이상의 병력으로 전쟁을 벌였던 것 같다. 다만 위지해의 존재는 당시 중국 측 기록에서는 발견되지 않는데, 아마도 중앙정부의 직접 파병이 아닌 지방정권 차원에서의 전술적 군사 행동이었던 듯하다.

　어쨌든 이로써 각 부의 분쟁은 아직 대외의 거대한 공동의 적이 있다는 사실의 인지만으로 조용히 가라앉았다. 그리고 나서 중천왕은 260년 가을 9월에 옛 수도인 졸본을 방문하여 시조묘

에 제사를 지냈다. 지금의 왕가가 고구려의 중심이라는 사실을
명시적으로 보여 주는 효과 좋은 정치적 이벤트였다.

 그럼 여기서 짧게 동시대의 혼란스러웠던 중원의 상황을 짚고
돌아와 보자.

 263년 여름, 위나라는 대대적으로 병력을 모아 등애(鄧艾)와
종회(鍾會) 등에게 다방면으로 동시에 촉을 공격하게 하였다. 촉
에서도 장익과 요화, 동궐 등을 보내 필사적으로 방어에 나섰지
만, 결국 2대 황제 유선(劉禪, 207~271)은 바로 직전 촉의 제갈첨
을 격파한 등애에게 항복할 것을 결심하였다. 이에 반발한 아들
유심(劉諶)은 나라의 멸망을 슬퍼하며 스스로 생을 마감하고 말
았다.

등애와 종회

등애가 성도에 도착하자 유선은 직접 위군 진영까지 찾아가 항복하였다. 위나라의 여러 장군 중 과감한 공격을 결행한 등애의 발 빠른 승리였다. 그런데 이 과정에서 각자의 욕심과 야망이 겹쳐지고 더해져서 정국은 큰 혼란으로 빠져들었다. 처음에는 촉나라 최후의 장군인 강유까지 받아들인 종회가 정치적 책략을 통해 앙숙이었던 등애를 체포함으로써 그의 개인적 야심이 성공하는 듯하였으나, 촉 지역을 기반으로 독자 세력화를 획책하던 중 군사들이 무질서 속에서 집단 반란을 일으키는 바람에 종회와 강유 등 수백 명이 난리 중에 격살당하고 말았다. 긴 안목 없는 단순한 욕망은 이렇듯 덧없다는 것을 증명해 줄 뿐이다.

그사이 마지막 황제 유선이 동쪽으로 수도 낙양에 다다라 황제를 접견한 것은 3월 느즈막이었다. 그가 태어난 건 아버지 유비가 아직 터를 못 잡고 중원을 헤매던 당시였고, 눈을 감게 되는 곳은 아버지가 천신만고 끝에 쌓아 올린 터전이 아닌 바로 이곳 낙양이었다. 다름 아닌 본인의 한계로 망국의 주체가 된 것이니 《삼국지》의 저자 진수가 그를 "어리석은 군주"라고 혹평을 남겨도 달리 불만을 제기하기 힘들 것이다.

그리고 그 직후인 265년 마침내 진나라는 위나라를 무너뜨리고 황위를 찬탈하였다. 흥미로운 사실은 그 과정이 불과 45년 전 위나라가 강제로 한나라를 이을 때와 고스란히 닮아 있다는 점이다. 《삼국지》〈위서〉에 이런 표현이 나온다.

"황제의 옥새 등을 진왕 사마염(司馬炎)에게 주도록 하였는데,

한 왕조와 위 왕조가 교차할 때의 예를 따랐다."

마치 준 만큼 고스란히 돌려받은 것이라는 듯 역사가의 비꼬는 뉘앙스가 느껴지는 것은 착각일까. 옛말 그대로 역사는 반복된다는 오랜 아이러니가 그 사실을 대신 말해 주는 듯하다.

그사이 고구려에서는 다시 조용히 세월이 흘러가고, 270년 겨울 10월에 국왕이 서거하자 중천(中川)의 들에 장사지내고 시호를 중천왕이라 하였다.

다음 왕위를 이은 서천왕(西川王) 고약로(高藥盧)는 중천왕의 둘째 아들이었다. 총명하고 인자한 성품으로, 나라 사람들이 사랑하고 존경하였다. 271년 봄 1월에 아내 우씨(于氏)를 왕후로 삼았다. 그리고 그해 가을 7월에 중천왕에 이어 국상 음우도 세상을 떠났고, 9월에 그의 아들 상루(尙婁)가 국상이 되었다.

272년 여름 4월에 서리가 내려 보리를 해쳤고, 6월에는 크게 가물었는데, 그 여파인지 바로 다음 해에 백성들이 굶주려서 국가의 창고를 열어 구제에 나서야 할 정도였다. 그리고는 한동안 기록 없이 조용했다가, 280년 겨울 10월에 숙신(肅愼)이 침략해와서 국경 지역의 백성들을 살해하는 재난이 발생하였다. 이에 서천왕이 여러 신하들에게 말하였다.

"내가 부족한 능력으로 나라의 일을 잘못 이어받아 덕으로 백성을 편안하게 하지 못하고 위엄을 떨치지 못하여 이웃의 적이 우리 강역을 어지럽히는 데 이르렀소. 지략이 있는 신하와 용맹한 장수를 찾아 적을 물리치고자 하니, 그대들은 뛰어난 지략과

역량이 있는 인재를 각기 천거하길 바라오."

"왕의 동생 달가(達賈)가 용감하고 지략이 있어 충분히 대장으로 임명할 만합니다."

서천왕이 신하들의 의견을 듣고 고달가를 보내 적을 치게 하였다.

온몸으로 기대를 모았던 고달가는 지략을 써서 기습 공격으로 단로성(檀盧城)을 빼앗고 추장을 죽였으며, 6백여 가(家)를 부여 남쪽의 오천(烏川)으로 옮기고, 부락 6~7곳에서 항복을 받아 부용(附庸)으로 삼았다. 서천왕이 크게 기뻐하여 고달가를 안국군(安國君)으로 삼고, 국방의 일을 위임하고는 겸하여 양맥(梁貊)과 숙신의 여러 부락을 통솔하게 하였다.

그리고 이해를 끝으로 진나라는 대망의 삼국통일을 완결하였다. 그 과정을 짧게 살펴보자.

279년 겨울, 진나라는 사마의의 넷째 아들이었던 진동대장군 사마주(司馬伷)를 위시하여 대군을 편성해 오나라를 공격하였다. 이들의 목적은 물론 오나라 멸망과 궁극적으로 삼국의 최종 통일이었다.

사마염

당시 오나라를 다스리고 있던 손호(孫皓)는 신하들을 모아놓고 연회를 열 때마다 모든 사람을 잔뜩 취하게 하였다고 한다. 연회를 벌일 때면 감시관 10명을 세워 두고는 연회가 끝난 뒤 술 취한 관리들의 잘못이나 실수를 보고하게 하여 벌을 주는 기행을 벌이기도 했다. 그 외에도 온갖 잔인한 행동들을 많이 해서 이미 조정의 모든 이들로부터 인심을 잃었다는 평이었다.

그러한 상황이었기에 280년 봄 위군이 오나라 영토에서 이르는 곳마다 제대로 저항하는 세력이 없었고, 가는 곳마다 싸워 이겼다고 한다. 3월에 마지막으로 규합하였던 병사들마저 모두 달아나자, 견디지 못한 손호는 결국 위군에 투항하였다. 그는 가족을 대동하고 그해 5월 1일 위나라의 수도 낙양에 다다랐다.

얼마 후인 284년에 손호가 사망하는 곳은 앞서 촉나라의 유선과 마찬가지로 이곳 낙양이었는데, 나중에 그의 무덤 가까이에는 이로부터 거의 400년 후에 백제의 마지막 국왕이었던 제31대 의자왕(義慈王)도 묻히게 된다. 망국의 설움을 나눌 수 있는 이들끼리 저승에서나마 말동무를 하였을까 궁금해진다.

이렇게 위나라의 황제 사마염은 삼국통일의 최종 주인공이 된다. 소설《삼국지연의》의 주연들인 조조, 유비, 손권 어느 누구도 삼국통일을 이뤄 내지 못하였다. 오히려 조조의 책사였던 사마의가 자신의 손자대에 삼국쟁투의 막을 내리게 된 것이다. 중국의 장편 드라마 〈사마의(大军师司马懿之军师联盟)〉의 국내 제목은 1부 〈미완의 책사〉로 시작하여 2부 〈최후의 승자〉로 끝맺게 되는데, 과연 '사마의'라는 역사적 존재를 단 두 마디로 정확히 설명해 주는 뛰어난 작명이라고 하겠다.

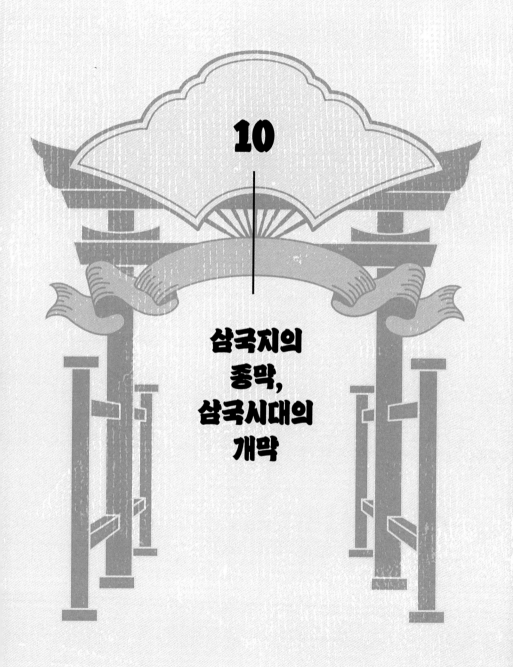

10

삼국지의
종막,
삼국시대의
개막

세상의 변화의 큰 줄기란 나뉜 것은 곧 하나가 되고 또 언젠가 다시 나뉘게 마련이라는 것이다

天下大勢 分久必合 合久必分

《삼국지연의》가 도입부에서부터 선언적으로 나름의 역사관을 정의하였듯이, 184년 황건적의 난을 시작으로 통일제국이었던 후기 한나라는 수많은 나라로 분열을 겪은 후 점차 세력이 응집하여 위·촉·오의 셋만 남게 되었다가, 결국 위를 계승한 진나라가 최종적으로 마지막까지 남아 있던 오나라를 280년에 흡수 통합 함으로써 역사의 대단원을 마무리 짓게 된다.

삼국통일을 이룬 진나라(출처: 위키피디아)

물론 그것이 끝은 아니었다. 진나라 역시 다시 분열하여 남북조와 5호16국의 시대를 거쳐 수나라 그리고 당나라의 통일시대를 맞이하고는 동시에 고구려의 을지문덕 그다음으로 연개소문과 세기의 결전을 보여 주게 된다.

고구려도 그사이 공손도의 내정 개입과 조조의 오환 정벌, 사마의의 요동 진출 그리고 관구검의 고구려 침공에 이르기까지 중원과 군사적 마찰과 위장된 평화를 겪으면서, 한편으로는 동북아시아에서 자신들의 위치를 찾아 나간다. 그 결과물이 《삼국사기》와 《삼국유사》가 보여 주는 삼국시대의 개막이었다. 중원에서 끝난 삼국시대가 형태만 달리하여 동북아 한반도에서 다시 그 모습을 보인 셈이다.

역사는 결국 연쇄적인 작용과 반작용이라는 일련의 과정이라고 할 수 있다. 관구검의 고구려 침공으로 사실상 옥저가 멸망하게 되고, 그 지배 세력의 공백을 북부의 읍루가 남하하면서 메꾸면서 이후 말갈이라는 이름으로 본격적인 세력화의 과정을 거친다. 마치 후대에 고구려 멸망 후 발해가 자리하였던 만주 지역도 발해의 패망에 이어 말갈의 후신인 여진족이 그 자리를 차지하게 되면서 동북아 근대 역사의 물줄기의 흐름이 정해졌듯이 말이다.

관구검을 지원하였던 부여도 모진 굴곡을 겪는다. 285년 모용외의 침략으로 왕이 자살하고, 남은 무리가 동쪽으로 피난을 가서 동부여라는 이름으로 존속하게 되고, 남아 있던 부여의 세력 또한 346년 모용황의 공격에 의해 붕괴되고 만다. 여기서 끝이 아니라 고구려의 광개토태왕이 410년 동부여를 정복하고 또다시 시간이 흘러 494년에는 북부여의 잔존 세력이 고구려에 귀순하면서 역사에서 마침내 그 존재가 사라진다.

마찬가지로 고구려 역시 342년에 모용황의 침공을 받았지만, 시간은 그들 편이었던지 재건에 성공하여 광개토태왕과 장수왕의 전성기를 거친 후 동북아의 패권을 거머쥐게 된다. 동시대에 백제와 신라는 각각 마한과 진한의 소국에서 성장하여 지역 패권을 장악한 다음 순차적으로 고구려를 위협하는 강국으로 거듭나고, 그사이 가야는 일종의 집단적인 도시국가로서 역사에 모습을 드러내었다가 열국에서 삼국으로의 격변의 흐름 속에 휩쓸려 끝내 소멸하고 만다.

끊임없는 상호 작용을 거치면서 동북아시아 그리고 한반도의 여러 나라들도 점차 셋이 되었다가 다시 또 하나가 되어 가는 과정을 거치면서 역사를 만들어 나간다. 영원한 통일도 없지만 그렇다고 영원한 분열도 없듯이 말이다. 그렇게 우리 모두는 장대한 변화의 흐름 속에서 역사의 후예가 되어 간다.

참고 자료

- 사료 원전: 『삼국사기』, 『삼국유사』, 『동명왕편』, 『신증동국여지승람』, 『후한서』, 『삼국지』, 『진서』, 『한원』, 『자치통감』, 『만주원류고』

- 당대 자료: 관구검 기공비, 연희 2년명 토기

❀ 후대 역사서
『동사강목』, 안정복
『해동역사』, 한치윤
『조선상고사』, 신채호
『고적답사기』, 최남선
『동북사강』, 부사년
『동북통사』, 김육불

❀ 단행본
『요동왕국과 동아시아』, 권오중, 영남대학교출판부, 2012
『요동사』, 김한규, 문학과지성사, 2004

『중국 정사 외국전이 그리는 '세계'들』, 김정희 外, 역사공간, 2016

『고대 중국정사의 고구려 인식』, 이정자, 서경문화사, 2008

『삼국지 동이전의 세계』, 권인한·김경호, 성균관대학교출판부, 2013

『고구려의 왕과 왕자들』, 김현숙, 동북아역사재단, 2019

『고구려 남자, 고구려 여자』, 김현숙, 동북아역사재단, 2019

『옛 문헌 속 고구려 사람들』, 이명학, 성균관대학교출판부, 2005

『인물로 보는 고구려사』, 김용만, 창해, 2001

『고구려 고분벽화와 만나다』, 전호태, 동북아역사재단, 2018

『유라시아를 품은 고구려 고분벽화』, 박아림, 동북아역사재단, 2020

『옥저와 읍루』, 강인욱, 동북아역사재단, 2020

『부여의 얼굴』, 이종수, 동북아역사재단, 2021

『처음 읽는 부여사』, 송호정, 사계절, 2015

『고조선 단군 부여』, 동북아역사재단, 2015

『부여사와 그 주변』, 윤용구 외, 동북아역사재단, 2008

『동이족과 부여의 역사』, 서병국, 혜안, 2001

『고구려는 어떻게 역사가 되었는가』, 오순제, 채륜서, 2019

『다시 보는 고구려사』, 동북아역사재단, 동북아역사재단, 2007

『고구려사 연구』, 노태돈, 사계절, 1999

『고구려의 요서진출 연구』, 윤병모, 경인문화사, 2011

『초기고구려사 연구』, 박찬규, 한국학술정보, 2004

『고구려의 기원과 성립』, 동북아역사재단, 2020

『고구려의 등장과 그 주변』, 동북아역사재단, 2009

『동아시아 도성제와 고구려 장안성』, 김희선, 지식산업사, 2010

『고구려 도성과 왕릉』, 이도학, 학연문화사, 2020

『고구려 성 연구』, 양시은, 진인진, 2016

『고구려 산성 연구』, 정원철, 동북아역사재단, 2017

『천리장성에 올라 고구려를 꿈꾼다』, 전성영, 한길사, 2004

『고구려를 찾아서』, 동북아역사재단, 2009

『역사 삼국지』, 최진열, 미지북스, 2022

『삼국지 강의』, 이중톈, 김영사, 2007

『삼국지 강의 2』, 이중톈, 김영사, 2007

『삼국지 교양 강의』, 리둥팡, 돌베개, 2010

『이중톈 중국사 10: 삼국시대』, 이중톈, 글항아리, 2018

『위안텅페이 삼국지 강의』, 위안텅페이, 라의눈, 2016

『삼국지 해제』, 장정일·김운회·서동훈, 김영사, 2003

『삼국지 바로 읽기』, 김운회, 삼인, 2006

『삼국지의 세계』, 김문경, 사람의무늬, 2011

『전쟁으로 보는 삼국지』, 김성남, 수막새, 2009

『삼국지 100년 전쟁』, 세토 타츠야, 애니북스, 2003

『삼국지 100년 도감』, 바운드, 이다미디어, 2018

『세계사 속 중국사 도감』, 오카모토 다카시, 이다미디어, 2021

『아틀라스 중국사』, 박한제 外, 사계절, 2007

『삼국지의 영웅 조조』, 장야신, 스타북스, 2020

『천하의 명장』, 오자키 호츠키, 솔, 2002

『삼국지를 읽다』, 여사면, 유유, 2012

『위·진·남북조』, 최미현, 살림, 2019

『서진 흥망사 강의』, 쑨리췬, 그러나, 2021

『자기 통제의 승부사』, 자오위핑, 위즈덤하우스, 2013

『결국 이기는 사마의』, 친타오, 더봄, 2018

『사마의 자기경영』, 윤석일, 밥북, 2018

『삼국지 최후의 승자 사마의』, 왕우, 한얼미디어, 2011

『사마의 평전』, 나채훈, 북오션, 2015

『한사군 연구』, 고조선단군학회, 서경문화사, 2022

『낙랑군 연구』, 오영찬, 사계절, 2006

『낙랑』, 국립중앙박물관, 솔, 2001

『일본에 있는 낙랑 유물』, 이현혜 外, 학연문화사, 2008

『락랑구역일대의 고분발굴보고』, 리순진·김재용, 백산자료원, 2003

『한국 사회복지 사회사 1』, 최옥채, 양서원, 2022

『조선전기 사회복지정책 연구』, 이민수, 혜안, 2000

- 기타 참고 자료: 위키피디아(wikipedia.org, 지도 및 인물 그림), 국사편찬위원회
  한국사데이터베이스(db.history.go.kr, 각 역사서 원문 및 번역문), 국립중앙박물관
  e뮤지엄(emuseum.go.kr), 동북아역사재단 동북아역사넷(contents.nahf.or.kr)

고백고(高伯固/句, 89~179, 재위 165~179): 제8대 신대왕(新大王), 장지는 고국곡(故國谷)

고남무(高男武, ?~197, 재위 179~197): 제9대 고국천왕(故國川王), 별칭은 이이모(伊夷模[2]), 장지는 국양(國襄)

고연우(高延優, ?~227, 재위 197~227): 제10대 산상왕(山上王), 장지는 산상릉(山上陵)

고우위거(高憂位居, 209~248, 재위 227~248): 제11대 동천왕(東川王), 아명은 교체(郊彘)였고 별칭으로 위궁(位宮)이라고 함, 장지는 동양(東襄)이며 나중에 시원(柴原)이라고 불림

고연불(高然弗, 224~270, 재위 248~270): 제12대 중천왕(中川王), 장지는 중양(中壤)

---

2 고구려어에서 '내(川)'는 당시에 '미(mi)'라고 발음하였는데, '남무'는 '임무', 즉 '이이모'라고 발음하였던 것 같다. 비슷한 사례로 가야의 또 다른 이름인 '임나(任那)'는 당시 발음으로 '미마나'라고 불렸다.

고약로(高藥盧/若友, ?~292, 재위 270~292): 제13대 서천왕(西川王), 장지는 서양(西壤)

고구려(高句麗, Gāogōulí)

부여(夫餘, Fūyú)

조선(朝鮮, Cháoxiān)

옥저(沃沮, Wòjǔ)

예(濊, huì)

맥(貊, Mò)

읍루(挹婁, Yìlóu)

물길(勿吉, Wùjí)

말갈(靺鞨, Mòhé)

숙신(肅愼, Sùshèn)

여진(女眞, Nǚzhēn / 만주어로 Jurchen, 주선)

만주(滿洲, Mǎnzhōu / 만주어로 Manchu, 만주)

오환(烏桓, Wūhuán)

조조(曹操, Cáocāo)

손권(孫權, Sūnquán)

사마의(司馬懿, Sīmǎyì)

공손찬(公孫瓚, Gōngsūnzàn)

공손도(公孫度, Gōngsūndù)

공손강(公孫康, Gōngsūnkāng)

공손공(公孫恭, Gōngsūngōng)

공손연(公孫淵, Gōngsūnyuān)

관구검(毌丘儉, Guànqiūjiǎn)

계루부(桂婁部, guìlóubù): 왕족(*구려(句麗, gōulí))

절노부(絶奴部, juénúbù): 연나부(椽那部, chuánnàbù)

순노부(順奴部, shùnnúbù): 환나부(桓那部, huánnàbù)

관노부(灌奴部, guànnúbù): 관나부(貫那部, guànnàbù)

소노부(消奴部, xiāonúbù) / 연노부(涓奴部, juānnúbù): 비류나부(沸流那部)